Neutralität ist Recht

Liebe Leserinnen und Leser

Recht und Gesetz sind oft kompliziert, selbst wenn verständliche Grundsätze dahinter stehen. Viel einfacher ist es, die Welt in gut und böse einzuteilen. Darum machen das die Politiker so gerne. Und darum fallen wir so gerne darauf herein: Wir sind die Guten! Das wollen wir sein, auch als Nation.

© Dirk Wächter

Aber das Leben lehrt uns anderes: Es gibt immer andere Sichtweisen. Und welche «die Richtige» ist, zeigt meist erst die Zukunft. Das Recht, auch das Völkerrecht, versucht, diese Sichtweisen zu kodifizieren, um einigermassen zuverlässige Entscheidungen zwischen gut und böse, richtig und falsch zu ermöglichen.

Sich als neutrales Land auf die Seite der «Guten» zu schlagen, ist verführerisch – und gefährlich. Wie oft entpuppt sich doch die Kehrseite des Guten als gar nicht gut. Dann braucht es geschickte Wendehälse, um sich der Schlinge zu entwinden.

Viel sicherer ist es doch, sich auf die Grundlage des Rechts stellen. Für die Neutralität bedeutet das: Wir stehen auf der Seite des Völkerrechts. Die Moral, sei es nun die Moral der NATO oder der Ukraine, die Moral Russlands, Israels oder der Palästinenser – die kann uns gestohlen bleiben.

Neutralität auf der Grundlage des Völkerrechts, das ist es, was wir uns mit diesem Zeitpunkt wünschen. Ich wünsche viel Anregung bei der Lektüre.

Mit herzlichen Grüssen
Christoph Pfluger, Herausgeber

Der heisseste Platz in der Hölle ist reserviert für diejenigen, die

der tral

hieri

D1727766

Das finden Sie im **ZE!TPUNKT 176:**

vollwertig leben

Horizonte erweitern

Lob der Überparteilichkeit

Wer nicht für mich ist, ist gegen mich, scheint das Motto unserer Zeit zu sein. *von Wolf Sugata Schneider*

Willst du nicht mein Freund sein, dann bist du mein Feind. Dieses Motto hat uns in Zeiten der Pandemie bis in die Familien gespalten. Ebenso in der Haltung zum Ukrainekrieg und nun in Sachen Palästina. Woher kommt diese Lust an der Spaltung? Sind es nur die Algorithmen der Online-Medien, die uns in diese Eskalationen und Empörungsspiralen führen, oder liegt dem etwas zutiefst Menschliches zugrunde? Und wie können wir, privat wie politisch, wieder der Versöhnung den Vorzug geben?

Greta Thunbergs Fauxpas

Meist empfinden die sich gegenüberstehenden Seiten sich selbst als Opfer und die andere Seite als Täter, und unter den Zuschauenden entstehen Solidarisierungsduelle: Mit wem du dich solidarisierst, zeigt, auf welcher Seite du stehst und wen du als «das wirkliche Opfer» betrachtest.

Als Greta Thunberg sich mit den zivilen Opfern in Gaza solidarisierte, wurde ihr vorgeworfen, sich nicht ausreichend mit den Opfern der Hamas solidarisiert zu haben. Ihre Antwort war: «Es versteht sich von selbst – so dachte ich zumindest –, dass ich gegen die schrecklichen

> Der Platz des Unparteiischen ist auf Erden zwischen den Stühlen, im Himmel aber wird er zur Rechten Gottes sitzen.
> Marie von Ebner-Eschenbach

Grafik: polyactive.de

Angriffe der Hamas bin.» Heutzutage aber verlangt der Zeitgeist eine «ausgewogenere Opferberichterstattung».

Sich raushalten, ist das gut?

Jedoch nicht nur die Lust an Parteinahme und Blaming, sondern auch die Haltung der Neutralität in Konflikten hat eine lange Tradition. In vielen Fällen halten wir uns zwar aus Feigheit oder Opportunismus raus, oder weil wir den Kopf in den Sand stecken. Die unparteiische Haltung kann aber auch die eines Buddha sein, dem das Leid der Menschen keineswegs egal ist. Oder die eines Jesus, der sogar empfahl, seine Feinde zu lieben. Oder die eines Rumi, der sagte: «Jenseits von Gut und Böse, dort treffen wir uns!» Oder die des Hindu-Gottes Shiva als ein mitten im Strahlenkranz der Gegensätze Tanzender.

Gott als unparteiisch über allem Stehender, Verzeihender, alle Gegensätze in sich Vereinigender? Die göttliche Gaia als Mutter Erde, unser Biotop als ein Lebewesen, das Werden und Vergehen in sich vereint? Homo sapiens ist aus Gaias Schoss entstanden und wird darin, vielleicht schon bald, wieder vergehen.

Tucholsky als Partisan und Witzbold

Ich selbst, bin ich in den aktuellen politischen Konflikten Partei oder stehe ich abseits und nehme dazu eine neutrale Haltung ein? Ich mache es hierbei wie der von mir verehrte Kurt Tucholsky. Einerseits kämpfte er sein Leben lang gegen den aufkommenden deutschen Faschismus. Andererseits war er auch ein ausgefuchster Humorist, der mit verschiedenen Identitäten spielte und als solcher sich in seiner eigenen Zeitschrift, der Weltbühne, unter verschiedenen Namen Schaugefechte leistete. Wahrscheinlich freute er sich dabei diebisch, wie die eine seiner Persönlichkeiten in aller Öffentlichkeit bejubelt, die andere verdammt wurde. Und wenn es mal zu wenig Widerstand gegen eine von ihm eingenommene Position gab, schrieb er den erforderlichen gepfefferten Leserbrief eben selbst.

Zugleich drin und drüber

Jetzt aber ganz praktisch: Wann stehe ich drüber und wann mittendrin und ergreife Partei? In uns Menschen ist ja beides angelegt. Jesus wird zugleich als Menschen - wie als Gottessohn dargestellt, also als ein zugleich drin und drüber Stehender. In den heute so tief wie noch nie entzweiten USA wird das Darüberstehen bipartisan genannt. Aber nur eine Minderheit kann dort dieser dritten Fraktion zugerechnet werden. Auch bei uns wollen die meisten, dass du Partisan ihrer jeweiligen Seite bist. Wer das nicht will, ist für sie ein Verräter.

Beim Versuch, Frieden zu stiften, sollten wir jedoch wie ein Fussball-Schiedsrichter – der ja auch Fan von einer der beiden Seiten sein kann – mit wenigstens einem Bein im Unparteiischen stehen. Denn es ist auch die Lust am Spiel und Drama, die uns Menschen Partei für eine Seite ergreifen lässt, nicht nur die Angst, als Verräter ausgegrenzt zu werden und dann heimatlos zu sein.

Die Lust an der Parteinahme

Brot und Spiele seien das, was das Volk bewegt, sagte im antiken Rom der Satiriker Juvenal. Sobald wir genug zu essen haben, interessiert uns vor allem, wer bei den aktuellen Konflikten Gewinner und wer Verlierer ist. Man geht ja auch nicht zu einem Fussballspiel is Stadion, wenn man nicht für eine der beiden Seiten jubeln will. Wenn dann das eigene Team verliert, kann man immer noch dem Schiedsrichter die Schuld geben. Und unter den Filmen und Romanen interessieren uns mehr die mit einem Bösewicht; die zu harmonischen finden wir kitschig.

Offenbar ist das Parteiergreifen zutiefst menschlich. Vielleicht weil bei unseren Vorfahren die mit mehr Drang zum Schulterschluss gegen reale oder imaginäre Feinde eher überlebten als die Unparteiischen. Heutzutage gefährdet der zu starke Schulterschluss gegen Feinde jedoch unsere Spezies als Ganzes, denn bei den heutigen politischen Konflikten droht als letzter Schritt der Einsatz von Atomwaffen. Selbst wenn wir nur so weitermachen wie bisher, zerstören wir damit unsere Lebensgrundlage. Auch ohne dass bei unseren aktuellen Konflikten Atomwaffen eingesetzt werden, führen ein paar Generationen des Weiter-So in den Suizid.

Der leere Hintergrund

Aber es gibt einen Ausweg: Die eigenen Ich-Identitäten und Zugehörigkeiten lassen sich als Fiktionen erkennen. Ich, du, wir und «die anderen» sind nämlich biografisch entstandene, gesellschaftlich konstruierte Figuren, die nun auf der Bühne des Lebens ihr Drama aufführen. Wenn wir diese Dramen ernst nehmen, sind es Tragödien, denn am Ende ist jede dieser Parteien tot. Wenn wir uns selbst mit unserem Anspruch, im Recht und herzensgut zu sein, hingegen komisch finden, ist jedes Scheitern nur ein Abgang von der Bühne. Sogar der individuelle Tod ist ja nur eine Verwandlung: Aus unserem Körper entsteht Humus und damit neues Leben, und mit unserer geistigen Erbe machen andere weiter. Erst wenn die Kontrahenten eines Konfliktes es schaffen, sich als Spieler zu erkennen und somit bereit sind «ihr Gesicht zu verlieren» – es war ja nur eine Maske –, können sie die wirklichen Opfer ernst nehmen und schützen. Erst dann ist Frieden möglich.

Um dort hinzugelangen, müssen wir des Hintergrundes gewahr werden, auf dem diese Gestalten agieren. Das ist die anfangs noch völlig leere Bühne bzw. der leere Bildschirm. Dann können wir uns am Ende des Dramas vor dem Publikum verbeugen oder geniessen, dass im Abspann des Films unsere Namen genannt werden. Das befreit uns von der Sturheit im Festhalten an der aufgeführten Rolle.

Trotzdem müssen wir auch Standpunkte einnehmen. In meinem Falle sind das zum Beispiel Pazifismus, Naturschutz und eine mehr als nur individuelle Liebe. Das ist der spirituelle oder transzendente Teil von mir. Ebenso befreiend ist auch der Humor, Tucholskys 'transzendente Seite'. Im Tarot ist der Joker die Null. Das macht ihn im Kartenspiel zum Trumpf. Der Bonus des Narren zeigt sich jedoch erst, wenn der Joker Position bezogen und damit sein windiges «Ich bin niemand» aufgegeben hat. ●

Wolf Sugata Schneider, von 1985-2015 **Herausgeber der Zeitschrift «Connection»,** ist heute Autor, Coach, Meditationsgruppenleiter und Stand-up-Philosoph. **www.connection.de**

«*Warum wir als Linke und Grüne die Neutralitäts-Initiative unterstützen*»

Für die Volksinitiative für die «Wahrung der Schweizer Neutralität» hat sich bis jetzt vor allem die SVP stark gemacht. Nun haben linksgrüne Politiker und Bürger zur Unterstützung der Neutralitätsinitiative aufgerufen.

D ie Initiative ist nicht «rechts», sondern wurde von einem überparteilichen Komitee ausgearbeitet, das die Schweizer Aussenpolitik von ihrem pro-NATO-Kurs abbringen und zu einer internationalen und weltoffenen Neutralität hinführen will. Als Linke und Grüne sind wir überzeugt, dass das Lagerdenken in eine Sackgasse führt. Wir engagieren uns stattdessen für eine Sachdebatte.

Worum es in der Initiative geht

Die Neutralität der Schweiz ist über 200 Jahre alt, und ihre legalen Prämissen sind seit 1907 in den Haager Abkommen klar definiert. Diese Bestimmungen sind eine gute, zeitlose und völkerrechtliche Grundlage unserer Aussenpolitik. Die Schweiz nimmt nicht teil an den Kriegen anderer Staaten, flankiert von einer strengen Kriegsmaterial-Gesetzgebung. In der neuen multipolaren Weltordnung brauchen wir eine Neutralität, die Sicherheit schafft und sich am Weltfrieden orientiert. Innenpolitisch wird die Neutralität zwar in der Verfassung erwähnt, aber nicht definiert. Die Initiative holt dies nach und gibt der Aussenpolitik eine klare Richtung vor. Sie signalisiert dem Ausland, was von der Schweiz zu erwarten ist. Die Bundesverfassung wird um folgenden Artikel ergänzt:

Art. 54a Schweizerische Neutralität

1. *Die Schweiz ist neutral. Ihre Neutralität ist immerwährend & bewaffnet.*
2. *Die Schweiz tritt keinem Militär- oder Verteidigungsbündnis bei. Vorbehalten ist eine Zusammenarbeit mit solchen Bündnissen für den Fall eines direkten militärischen Angriffs auf die Schweiz oder für den Fall von Handlungen zur Vorbereitung eines solchen Angriffs.*
3. *Die Schweiz beteiligt sich nicht an militärischen Auseinandersetzungen zwischen Drittstaaten und trifft auch keine nichtmilitärischen Zwangsmassnahmen gegen kriegführende Staaten. Vorbehalten sind Verpflichtungen gegenüber der Organisation der Vereinten Nationen (UNO) sowie Massnahmen zur Verhinderung der Umgehung von nichtmilitärischen Zwangsmassnahmen anderer Staaten.*
4. *Die Schweiz nutzt ihre immerwährende Neutralität für die Verhinderung und Lösung von Konflikten und steht als Vermittlerin zur Verfügung.*

Dieser Verfassungstext umschreibt nicht die Gesamtheit der Schweizer Neutralität, dient aber als Leitlinie für ein aktives und am Weltfrieden orientiertes Neutralitätsverständnis. Als Linke und Grüne unterstützen wir die Initiative aus den folgenden Gründen:

1. Eine allparteiliche Neutralität sichert eine international orientierte Schweiz.

Wir stehen ein für eine weltoffene und multikulturell orientierte Schweiz. Absatz 4 der Initiative fordert, dass die Schweiz künftig aktiv hilft, Konflikte zu verhindern und zu vermitteln. Unser Land wird deshalb in internationalen Konflikten nicht Partei ergreifen, sondern stellt sich ohne Wenn und Aber jedem Staat der internationalen Gemeinschaft als Verhandlungsort zur Verfügung. Als Begegnungsort der unterschiedlichen Kulturen und Weltanschauungen kann die Schweiz den Frieden in der Welt fördern. Unsere Neutralitätspolitik muss auch gegenüber den Ländern des Südens und solchen ohne das westliche Demokratiemodell glaubwürdig sein. Denn Staatsformen, Ordnungs- und Wertvorstellungen hängen auch vom technologischen und wirtschaftlichen Entwicklungsstand ab. In ihren Friedensbemühungen schliesst sich die Schweiz nicht den Standpunkten des einen oder des anderen Lagers an, sondern bringt gegenüber allen Parteien Verständnis und Dialogbereitschaft auf. Nur so kann sie allseitig Vertrauen gewinnen und behalten. Die Schweiz ist nicht Teil eines Machtblocks, sondern integriert sich künftig in die Weltgemeinschaft. Auf dieser Basis kann das Internationale Rote Kreuz, eine der heilvollsten Institutionen der Schweiz, weiterhin seine wertvollen Dienste leisten und den Konfliktbetroffenen auf beiden Seiten helfen.

2. Die aktive Neutralität der Schweiz ist ein europäisches Friedensprojekt.

Als pazifistische Linke und Grüne stehen wir für den Frieden in Europa ein. 1815 versprach die Tagsatzung, «die immerwährende Neutralität anzuerkennen und zu gewährleisten, welche das gemeinsame europäische Staateninteresse zu Gunsten der Eidgenossenschaft erheischt». Dieses Versprechen an Europa wollen wir nach 200 Jahren erneuern.

Als Pufferstaat half die Schweiz während 100 Jahren, das Kräftegleichgewicht in Europa zu erhalten: Wir haben unser Land weder den Österreichern gegen die Franzosen noch den Franzosen gegen die Österreicher zur Verfügung gestellt. Während den zwei Weltkriegen half die Neutralität international wenig: Sie kam massiv unter Druck, hat uns aber immerhin den Frieden im eigenen Land bewahrt.

Im Kalten Krieg hat die Schweiz wesentlich dazu beigetragen, dass die Konferenz für Sicherheit und Zusammenarbeit in Europa (KSZE) zu einem den Frieden und die Verständigung fördernden Abschluss kam.

Darauf sind wir stolz: Die Schweiz soll auch künftig mit einer aktiven Friedens- und umsichtigen Neutralitätspolitik am Frieden in Europa mitwirken.

Mit ihrem Neutralitäts-Knowhow kann die Schweiz zudem Staaten in ähnlicher geopolitischer Situation unterstützen: mit anderen neutralen und bündnisfreien Staaten ein Netzwerk bilden, das sich für die De-eskalation zwischen verfeindeten Nationen einsetzt.

3. Die Rückkehr zur integralen Neutralität macht die Schweiz global glaubhaft.

Die wichtigste Änderung der jetzigen Neutralitätspraxis bringt Absatz 3: Die Schweiz beteiligt sich nicht an nichtmilitärischen Zwangsmassnahmen gegen andere Staaten. Das ist zentral, tragen doch Grossmächte ihre Kriege nicht nur militärisch, sondern auch wirtschaftlich aus: Verhängt werden dann oft Sanktionen, die weder völkerrechts- noch menschenrechtskonform sind. Sie treffen die Bevölkerung, wobei die Armen und Schwachen – Frauen, Kinder, Alte – besonders darunter leiden. Wirtschaftssanktionen eines mächtigen Landes oder Länderblocks sind willkürlich. Solche Gewaltaktionen lehnt die Schweiz ab: Sie wird Bedrohungen des Friedens, Völkerrechts- und Menschenrechtsverletzungen, von welcher Seite auch immer begangen, in der UNO problematisieren und kritisieren.

4. Integrale Neutralität ist solidarisch mit den Ärmsten der Welt.

In Kriegen bluten und leiden die Mittelschicht und Armutsbetroffene am allermeisten, während Waffenfirmen und deren Aktionäre massiv verdienen. Das gilt auch für den Ukrainekrieg, in dem das ukrainische und russische Volk sich gegenseitig ausbluten, während der militärisch-industrielle Komplex der kriegsführenden und kriegstreibenden Staaten wächst und wächst. Mit jeder Eskalation werden mehr Rüstungsgüter nachgefragt, todbringende Gerätschaften verkauft, riesige Gewinne erzielt. Kurz: Kriege bringen vielen den Tod und dem Grosskapital satte Profite. Das ist eine eiserne Regel des Krieges.

Sanktionen verlängern den Krieg. Sie führen zudem so gut wie nie zu einem «Regime Change». Mit Sanktionen werden die wirtschaftlichen und sozialen Ungleichgewichte zwischen dem Westen und dem ärmeren Rest der Welt nicht behoben, sondern verschärft. Die Schweiz verzichtet deshalb prinzipiell auf Sanktionen, ausser sie werden vom UNO-Sicherheitsrat verhängt. Solidarität nur mit Staaten und Menschengruppen zu zeigen, die einen vergleichbaren Lebensstandard haben und die westlichen Werte teilen, ist ein Unding: Die Schweiz ist allparteilich solidarisch und erweist allen Staaten, die in Not sind, ihre Solidarität. Praktisch heisst das, mehr Solidarität mit den Armen dieser Welt.

5. Der Verzicht auf den NATO-Beitritt ist unser wichtigster Beitrag zum Weltfrieden

Die NATO, einst ein Verteidigungsbündnis, ist längst zu einem aggressiven Verband geworden, der mit «Out of Area»-Einsätzen weit über den Nordatlantik und Europa hinausgreift. Die NATO dient dazu, die Vormachtstellung des Westens zu erhalten und auszubauen. Völkerrechtswidrige NATO-Einsätze haben im Irak, in Afghanistan, in Libyen zum Zusammenbruch aller drei Staaten geführt. Während die USA jenseits des Atlantiks sich vorab um den Erhalt ihrer imperialen Machtposition kümmern, hat Europa gewaltige Flüchtlingsströme zu verkraften, denn in allen drei Ländern herrscht heute die nackte Not.

Diese Entwicklung geht noch weiter, indem ihre grössten Mitglieder sogar von einer «Wirtschafts-NATO, die unseren Lebensstandard verteidigt» träumen. Dabei hat die eine Milliarde der NATO-Bevölkerung dank deren grenzenlosen Zugriff auf die globalen Ressourcen bislang jährlich zwischen drei bis fünf Planeten vernutzt und die Klimaerwärmung und die weltweit sinkende Biodiversität angestossen. Diese globalen Probleme lassen sich nur multilateral und mit einer sozial und ökologisch nachhaltigen Wirtschaft lösen. Deshalb: Schluss mit Kriegen und Sanktionen! Der wirtschaftliche Ausgleich ist der wichtigste Beitrag für eine globalen Sicherheitspolitik!

6. Die bewaffnete Neutralität ist ein pazifistischer Ansatz der internationalen Politik

Neutralität hat Zukunft: Der Friede wird sicherer, wenn mehr Länder unabhängig und neutral bleiben, statt sich einem der grossen Blöcke anzuschliessen. Als bewaffnetes Land verteidigt sich die Schweiz zwar selbst, sollte sie angegriffen werden, wird sich aber nicht an ausländischen Kriegen beteiligen, auch nicht zum kollektiven Schutz anderer Länder. Damit vertritt die Schweiz einen konsequenteren Pazifismus, wie es die UNO-Charta verlangt: Artikel 51 gesteht allen Mitgliedern das «naturgegebene Recht zur individuellen oder kollektiven Selbstverteidigung zu». Doch die «kollektive Selbstverteidigung», einst als Ausnahmefall gedacht, wurde zum Normalfall verkehrt. Seit dem Zweiten Weltkrieg wurde praktisch jeder Angriffskrieg als «kollektive Selbstverteidigung» gerechtfertigt: die Interventionen der Sowjetunion in Ungarn (1956) und in der Tschechoslowakei (1968), der USA in Vietnam (1964), Afghanistan (2001), im Irak (2003), die Intervention Chinas in Vietnam (1979) oder der NATO in Serbien (1999) und Libyen (2011).

Die Schweiz weist die kollektive Selbstverteidigung zurück und verspricht, bei keinen Kriegen mitzumachen: Sie bleibt pazifistisch, egal wie gross der wirtschaftliche und moralische Druck aus dem Ausland ist. Weil die Wahrheit über Kriegsursachen und Kriegsgründe immer erst Jahrzehnte danach ans Tageslicht kommt, verzichtet die Schweiz aus Prinzip auf Kriegsbündnisse. Sie beteiligt sich weder an der Kriegshetze gegen andere Länder noch an deren Dämonisierung – das hoffen wir: Die Schweiz soll kein Land von selbstgerechten und selbstherrlichen Kriegsmitmachern werden. Fertig mit dem Lagerdenken, befreit für die Sachdebatte plädieren wir: Ja zur Neutralitätsinitiative! ●

Verfasst wurde der Aufruf von Prof. Dr. Pascal Lottaz, Kyoto, Verena Tobler Linder, Ethnologin und Soziologin, Zürich, Prof. em. Wolf Linder, Politologe, Bern. Zu den Erstunterzeichnern gehören zahlreiche Politiker und Dozenten.

Den vollständigen Text mit Quellenangaben finden Sie hier:
https://neutralitystudies.com/2024/01/ja-zur-neutralitaet/

Die Sammelfrist für die Neutralitäts-Initiative dauert noch bis Mitte April. Letzter Einreichungstermin der beglaubigten Unterschriften ist der 8. Mai 2024.
Weitere Informationen und Download der Unterschriftenbogen:
neutralitaet-ja.ch

Keine «Blocher-Initiative»!

«Die Schweiz sollte zur integralen Neutralität zurückfinden.» Diese Forderung stand im Zentrum des Artikels «Die Neutralität ist ein Friedensprojekt», der im Mai 2022 in der Neuen Zürcher Zeitung erschien. Es gehe dabei nicht um «Gesinnungsneutralität», schrieb der parteilose Historiker Dr. René Roca, Leiter des Forschungsinstituts für direkte Demokratie» in Aarau, sondern um einen «grundsätzlichen Verzicht auf Machtpolitik».

Er schickte den Artikel an Ex-Bundesrat und SVP-Übervater Christoph Blocher, der die Lancierung einer Volksinitiative empfahl. In der Folge entstand eine Arbeitsgruppe mit allen massgebenden Parteien, die in zehn Sitzungen um eine geeignete Formulierung rang. Vertreter der Sozialdemokraten, Grünen und der Mitte-Partei zogen sich allerdings schon bald aus der Arbeitsgruppe wegen ihrer angeblichen Nähe zu Christoph Blocher zurück.

«Der Initiativ-Text ist ausgewogen und ein guter Kompromiss», sagte Roca, der geistige Vater der Initiative anlässlich der Lancierung am 8. November 2022. «Der Text wurde nicht in irgendeinem Hinterzimmer ausgebrütet. Die Initiative ist damit weder eine Blocher-Initiative noch eine SVP-Initiative. Ich bitte die Presse, diese Entstehungsgeschichte zur Kenntnis zu nehmen.»

Das hinderte «die Presse» und die Parteien im Anti-Blocher-Lager allerdings nicht daran, die Neutralitäts-Initiative weiterhin als «Blocher-Initiative» an den Rand des politischen Spektrums zu stellen. Parteipolitik ist offenbar wichtiger als das Schicksal der Schweiz im Gerangel der Grossmächte. *CP*

«*Unser Schweizer Standpunkt*»

Wie Carl Spitteler im Jahr 1914 einer gespaltenen Schweiz ins Gewissen redete.

von Werner Bänziger

«*Mit Ehrfurcht und warmer Sympathie begrüsst unser Volk den grossen Beherrscher des mächtigen deutschen Reiches*», konnte man am 3. September 1912 in der NZZ lesen, nachdem am Vortag der deutsche Kaiser die Hauptstadt der Schweiz besucht hatte.

Tausende von Zürcherinnen und Zürchern, darunter viele Deutsche, jubelten dem deutschen Kaiser zu, als dieser sich im September 1912 vom Hauptbahnhof Zürich zur Villa Wesendonck fahren liess. Noch gab es in der Deutschschweiz kaum Vorbehalte gegen den grossen Nachbarn; man fühlte sich dem Reich kulturell und wirtschaftlich verbunden. Daran änderte auch der Ausbruch des Ersten Weltkriegs am 28. Juli 1914 nichts.

Indes, derweil ein grosser Teil der Deutschschweiz fürs Deutsche Reich Partei nahm, positionierte sich die Romandie anders: In der welschen Schweiz wurden die Entente-Mächte Frankreich und England favorisiert. Durch die Schweiz zog sich ein tiefer Graben.

Die verfahrene Situation rief den Publizisten und freien Schriftsteller Carl Spitteler (1845–1924) auf den Plan. Er, der mit dem Epos «Olympischer Frühling» Furore gemacht hatte und 1919 den Nobelpreis erhalten würdet, liess sich Ende 1914 vor der Neuen Helvetischen Gesellschaft wie folgt vernehmen: «Wir haben es dazu kommen lassen, dass (…) zwischen dem Deutsch (…) und dem Französisch sprechenden Landesteil ein Stimmungsgegensatz entstanden ist. (…) Diesen Gegensatz leicht zu nehmen, gelingt mir nicht.» Und er stellte die rhetorische Frage: «Wollen wir die

Jeder neutrale Staat ist ein Baustein für den Frieden!
Reto Mettauer, ZP-Leser

Stimmungsäusserungen unserer anderssprachigen Eidgenossen einfach ausser Acht lassen, weil sie in der Minorität sind?»

In der Schweiz sehe man grundsätzlich von niemandem ab, wäre die Minorität auch zehnmal kleiner. Carl Spittelers Haltung zielte auf den inneren Frieden: «Wir sollen einig fühlen, ohne einheitlich zu sein.» In seiner unter dem Titel «Unser Schweizer Standpunkt» bekanntgewordenen Rede hielt er am Ende fest: «Wohlan, füllen wir (…) unsere Seelen mit Andacht! (…) Dann stehen wir auf dem richtigen neutralen, dem Schweizer Standpunkt.»

Spittelers Rede entfaltete die gewünschte einigende Wirkung, sie ging in die Annalen unseres Landes ein. Im Deutschen Reich verlor der Schriftsteller einen grossen Teil seiner Leserschaft. Darin ist, aus heutiger Warte, ein Gütesiegel zu sehen. ●

Sanktionen verstossen gegen das Neutralitätsgebot

Sanktionen töten, vor allem sozial und wirtschaftlich Benachteiligte. Trotzdem verhängen die wirtschaftsstarken Staaten regelmässig zu diesem Mittel. Die meisten davon sind völkerrechtswidrig. Auch die Schweiz missachtet derzeit grob das Völkerrecht, wie Thomas Mayer darlegt.

Am 3. April 2023 forderte der UN-Menschenrechtsrat die Abschaffung aller einseitigen Sanktionen. 33 Staaten stimmten für diesen Beschluss, 13 dagegen: Allesamt NATO-Mitglieder oder NATO-Anwärter.

«Die Sanktionen sind also eine reine NATO-Waffe», sagt Thomas Mayer. Laut UNO-Charta ist jeder Versuch, sich in die inneren Angelegenheiten eines anderen Staates einzumischen, verboten. Die Ausnahme nennt Artikel 39: «Der Sicherheitsrat stellt fest, ob eine Bedrohung oder ein Bruch des Friedens oder eine Angriffshandlung vorliegt; er gibt Empfehlungen ab oder beschliesst, welche Massnahmen (…) zu treffen sind, um den Weltfrieden und die internationale Sicherheit zu wahren oder wiederherzustellen.»

Thomas Mayer: «Alle nicht im Sicherheitsrat beschlossenen Sanktionen sind eine illegale Einmischung in die Angelegenheiten eines anderen Staates. Das ist Staatskriminalität.»

Ganzen Beitrag lesen:
zeitpunkt.ch/sanktionen-sind-voelkerrechtswidrige-wirtschaftskriege

Leuchtturm der Autonomie

Der Autor beschwört seine Schweizer Wahlheimat, ihre Neutralität, die sie stark und einzigartig gemacht hat, weiter zu pflegen.

von Tom-Oliver Regenauer

«Jeder Zentralismus beschleunigt die Spaltung und die Trennung», so der Schweizer Lebenskünstler Alfred Selacher. Eine korrekte Einordnung, wie uns vor allem die bürokratische Monstrosität namens Europäische Union immer wieder eindrücklich vor Augen führt. Je mehr Kompetenzen Brüssel an sich reisst, desto weiter driften die Mitgliedsstaaten auseinander. Und desto weniger Rückhalt hat es in der Bevölkerung.

Das erkennt nicht nur das Schweizer Stimmvolk, das eine Annäherung an die EU bereits zwei Mal an der Urne verhinderte. Auch in den Mitgliedsstaaten gärt es. Nicht zuletzt, weil der europäische Blockbaukasten zusehends an eine totalitäre Technokratie nach Orwell'schem Vorbild erinnert: Erosion demokratischer Prozesse, Kriegstreiberei, Zensur unliebsamer Informationen und wirtschaftlicher Niedergang. Zensorische Übergriffigkeiten wie der «Digital Services Act» (DSA) dürften nur ein lauer Vorgeschmack dessen sein, was der aus Brüssel und New York koordinierte Überwachungskapitalismus der Green Economy für die kommenden Jahre in petto hat.

Daher dürfte sich auch die Renitenz gegenüber dieser bürokratischen Machtergreifung zeitnah intensivieren. «Erst ist es ein Polizeistaat, dann kommen die Aufstände», prophezeite US-Milliardär Nick Hanauer vor gut fünfzehn Jahren in einem offenen Brief an seine wohlhabenden Freunde der «Superclass» (D. Rothkopf, 2008). Der Widerstand gegen das inhumane Corona-Regime oder die Bauernaufstände, die nach den Niederlanden

> Der Neutrale wird von oben begossen und von unten versengt.
> Wilhelm Wille

Grafik: freepik.com

und Frankreich nun auch Deutschland erreicht haben, geben dahingehend einen Vorgeschmack.

In Anbetracht der rundum dystopischen Dynamik der neuen Normalität sind Errungenschaften wie die föderale Struktur, das Milizsystem und die seit 1815 praktizierte Neutralität der Schweiz geradezu ein Segen. Ein Bollwerk gegen zentralistische Dynamiken der Zeit. Gut 175 Jahre Frieden, eine reüssierende Wirtschaft und eine stabile Währung

Gut 175 Jahre Frieden, eine reüssierende Wirtschaft und eine stabile Währung sprechen für sich.

sprechen für sich. Das Land tat während der zurückliegenden einhundert Jahre offenbar gut daran, seinen eigenen Weg zu gehen.

Dennoch trat auch die Eidgenossenschaft im Jahr 2002 den Vereinten Nationen bei und unterwirft sich seither zusehends dem Diktat supranationaler, antidemokratischer Organisationen. Selbst die für die direkte Demokratie charakteristische Föderalstruktur erodiert. Man folgt, trotz dem in Artikel 3 der Bundesverfassung verbrieften «System der Nichtzentralisierung», dem vermeintlich effizienzsteigernden Trend zur Zentralisierung. So gab es 1980 im Tessin zum Beispiel noch 247 Gemeinden. Inzwischen ist die Zahl auf 106 gesunken. Und wenn die für 2024 geplanten Fusionen abgeschlossen sind, werden es nur noch 100 sein – ein Minus von 147 Gemeinden in 45 Jahren. In den anderen Kantonen sieht es ähnlich aus: Von 2899 Gemeinden im Jahr 2000 sind seit dem 1. Januar 2024 noch 2131 übrig, das entspricht einer Reduktion von 768 Gemeinden in 24 Jahren. In Summe scheinen mir das durchaus besorgniserregende Entwicklungen bezüglich des Fortbestands der Eidgenossenschaft in ihrer bisherigen Form! Dabei sind Dezentralität und eine politisch-isolationistische Haltung keineswegs falsch – auch wenn diese Attribute in der leitmedialen Darstellung des In- und Auslands praktisch durchweg negativ konnotiert werden. Nicht von ungefähr sind oft gerade jene Länder, die sich eine gewisse Autonomie bewahrt haben, am erfolgreichsten.

Ein Blick in die Geschichte der Vereinigten Staaten genügt, um zu erkennen, dass Bündnisdenken und Verteidigungsallianzen den Bewohnern eines Landes selten zum Vorteil gereichten. Bis zum Eintritt in den Ersten Weltkrieg am 6. April 1917 war das Land international unauffällig, es frönte einem ausgeprägten Isolationismus. Mit dem Ende des Krieges am 11. November 1918 änderte sich das, und das blutigste Jahrhundert der Zivilisationsgeschichte begann. Die Pax Americana steht seither für weltpolitische Dominanz um jeden Preis, für eine «Neue Weltordnung», wie schon Woodrow Wilson (US-Präsident von 1913 bis 1921) es nannte, die sich durch einen absolutistischen Anspruch auf Deutungshoheit auszeichnet. Geltend gemacht wird dieser Anspruch mit martialischen Methoden und mittels intransparent operierender supranationaler Institutionen, deren Einfluss seit Ende des Zweiten Weltkriegs kontinuierlich wächst.

Wo auch immer die US-dominierte Demokratiesimulation des Wertewestens auftrat, hinterliess sie verbrannte Erde: Südamerika, Asien, Afrika, die arabische Welt – überall zwang man Menschen eine als Werteverteidigung vermarktete Gewaltherrschaft auf. Welch mafiöse Methoden dabei zur Anwendung kommen, erklärt das autobiographische Buch «Confessions of an Economic Hit Man» von John Perkins aus dem Jahr 2004. Länder müssen dank dieses Ansatzes nicht mehr militärisch erobert oder besetzt werden, um sie zu beherrschen. Kreditwucher, Plattform-Monopolismus, Technokratie und Netto-Null-Ökonomie sind

Die Pax Americana steht für
weltpolitische Dominanz um jeden Preis.

Sich neutral zu verhalten, bedeutet für einen Staat, höhere Massstäbe ans eigene Handeln anzulegen.

ebenso zerstörerisch wie Flächenbombardements. Allerdings halten die erzielten Effekte länger vor.

Neutralität ist das exakte Gegenteil davon, auch wenn selbst hiesige Propaganda-Postillen das tradierte Neutralitäts-Konzept als Anachronismus darstellen. Gerade in Zeiten ökonomischer Krisen und schwelender Konflikte ist es ratsam, sich nicht mit Mächten gemein zu machen, die im Rahmen ihres letzten, blutrünstigen Aufbäumens gewillt sind, notfalls den Rest der Welt mit in den Abgrund zu reissen. Sich neutral zu verhalten, bedeutet für einen Staat, höhere Massstäbe ans eigene Handeln anzulegen als jene Regierungen, die aufgrund niederer Beweggründe Gewalt als probates Mittel zur Durchsetzung der eigenen Agenda erachten. Anstatt nur die eigenen Grenzen, die eigene Bevölkerung und den eigenen Besitz zu verteidigen, setzt sich ein neutrales Land auf dem internationalen Parkett für übergeordnete Werte ein. Für Frieden, Freiheit und allgemeine Menschenrechte. Der US-Stellvertreterkrieg gegen Russland und der zionistische Genozid im Freiluftgefängnis von Gaza bieten eigentlich ausreichend Chancen für die Schweiz, diese Rolle einzunehmen.

Neutralität charakterisiert ein Land nicht als rückständig oder illoyal gegenüber Partnerstaaten, sondern als transparent, selbstbewusst und zuverlässig. Eine isolationistische oder eigenbrötlerische, unparteiische Entität ist auch nicht per se Globalisierungsgegner, wie die Medien allenthalben glauben machen möchten. *Au contraire* – als viersprachiger, international vernetzter Finanzplatz, als weltoffenes Einwanderungsland mit einem Ausländeranteil von über zwanzig Prozent ist die Schweiz ein Schmelztiegel der Kulturen. Fast zweihundert Jahre Neutralität – und damit Frieden, Freiheit und Wohlstand – waren für die Schweiz der richtige Weg. Ein Weg, der das Land ungleich besser durch die Turbulenzen und Disruptionen der Zeit geführt hat als die meisten anderen. ●

Tom-Oliver Regenauer, (*1978) war Betriebsleiter, Unternehmens- und Management-Berater, Musikproduzent und betreibt ein unabhängiges Plattenlabel. Der in Deutschland geborene Autor lebt seit 2009 in der Schweiz. Auf seiner Homepage veröffentlicht er regelmässig Texte zu aktuellen Themen. **www.regenauer.press**

Fähnlein im Wind

von Nicole Maron

Neutralität klingt toll, und laut Umfragen steht der grösste Teil der Bevölkerung hinter diesem wichtigen Pfeiler der Schweizer Identität. Doch die aktuelle Neutralitätsauslegung des Bundesrates wirft viele Fragen auf.

Wenn ich im Ausland gefragt werde, woher ich komme, schäme ich mich meistens. Klar, wir sind bekannt für Schokolade, Uhren und schöne Landschaften. Doch reicht das wirklich aus, um vor Stolz anzuschwellen, wenn man sagt: «Ich komme aus der Schweiz»? Persönlich habe ich immer das Gefühl, dieser Aussage so einiges hinzufügen zu müssen:

Ich komme aus der Schweiz, dem Land, das so viele mit offenen Armen empfängt. Zum Beispiel die UNO, das WEF und die FIFA, die ja sonst nirgendwo unterkommen würden. Auch armen Global Players der Wirtschaftswelt bieten wir eine Heimat, weil sie anderswo an Leib und Leben bedroht wären, sprich zu viele Steuern bezahlen müssten. Unternehmen und Banken wie Nestlé, Glencore und die Credit Suisse vernetzen uns mit der ganzen Welt und haben international einen unschlagbaren Ruf, zum Beispiel als Verursacher von Wassermangel, Schwermetallvergiftungen oder Abholzung.

Kein Wunder, dass man leuchtende Augen bekommt, wenn man wieder einmal sagen darf: «Ich komme aus der Schweiz.» Doch das absolute Highlight kommt erst noch: Wir sind neutral und nehmen an keinen Kriegen teil. So ist es auch verständlich, dass ein entrüsteter Aufschrei quer durch die Politlandschaft und die Bevölkerung ging, als die Grünliberalen letztes Jahr forderten, das Neutralitätskonzept zu überdenken, um Waffen an die Ukraine liefern zu können.

Aus Sicht der Neutralitätspolitik ist die Haltung zu Waffenexporten klar: «Gemäss Neutralitätsrecht muss ein neutraler Staat alle Kriegsparteien im Hinblick auf den Export von Rüstungsgütern gleich behandeln», heisst es auf der Website des Eidgenössischen Departements für auswärtige Angelegenheiten (EDA). Das gelingt uns auch ganz gut, wie der folgende Fall zeigt: Die Thuner Firma B&T AG lieferte Scharfschützengewehre und Granatwerfer an die Ukraine und Maschinenpistolen an Russland.

Das ist echte Neutralität: Man ergreift nicht Partei für eine Seite, sondern profitiert von beiden. Laut EDA sind Waffenexporte in Länder, die in einen bewaffneten Konflikt verwickelt sind, verboten. Doch eine Garantie, dass Kriegsmaterial mit Schweizer Gütesiegel nicht auf Umwegen in solche Länder gelangt, gibt es allerdings ohnehin nicht. So kam 2012 heraus, dass Schweizer Handgranaten im syrischen Bürgerkrieg eingesetzt wurden. Es wird angenommen, dass sie über Libyen oder die Vereinigten Arabischen Emirate dorthin gelangten – womit die Schweiz wie immer fein raus ist, galt doch für diese Länder zum fraglichen Zeitpunkt schliesslich kein Waffenausfuhrverbot.

Doch wie definiert sich die vielbeschworene Schweizer Neutralität eigentlich? Das kann man nicht so genau sagen – weil es in unserer Gesetzgebung nicht wirklich festgelegt ist. Die Rechte und Pflichten neutraler Staaten sind zwar international definiert – allem voran durch das Verbot zur Teilnahme an bewaffneten Konflikten. Doch darüber hinaus erachtet der Bundesrat es als «nicht zweckmässig, den Kerninhalt der Neutralität in der Bundesverfassung oder in den nationalen Gesetzen zu verankern». Und zwar, weil dadurch der Spielraum in sicherheits- und aussenpolitischen Fragen eingeschränkt würde.

«Die Schweiz setzt die Neutralität als flexibles Instrument zur Wahrung der Unabhängigkeit, Sicherheit und Wohlfahrt ein und definiert dabei auf Grund der konkreten Umstände im Einzelfall, wie sie sich positioniert», heisst es in der offiziellen Neutralitäts-Broschüre des EDA.

In einer früheren Ausgabe der Broschüre klang das Ganze sogar noch willkürlicher: «Die konkrete Ausgestaltung der Neutralitätspolitik ist offen. Der Bundesrat setzt das Neutralitätsrecht und neutralitätspolitische Erwägungen in Entscheide um, wobei die Entscheidungsfindung immer eine aktuelle Lagebeurteilung erfordert.»

Das «neutrale» Verhalten der Schweiz wird also jeweils so ausgelegt, wie es unsere Bundesräte richtig dünkt. In der Bundesverfassung ist nur festgelegt, dass Bundesrat und Bundesversammlung «Massnahmen zur Wahrung der äusseren Sicherheit, der Unabhängigkeit und der Neutralität der Schweiz» zu treffen haben; der Neutralitätsbegriff, der in der Bundesverfassung genau zwei Mal auftaucht, wird aber nicht näher erläutert.

Man ergreift nicht Partei für die eine oder andere Seite, sondern profitiert gleich von beiden.

Daraus resultieren noch ganz andere Fragwürdigkeiten als die der Waffenexporte. Kontrovers diskutiert wird zum Beispiel die Frage, ob die Schweiz mit ihrer Mitgliedschaft bei internationalen Organisationen wie der UNO oder der OSZE – deren Vorsitz die Schweiz schon zwei Mal innehatte – ihre Neutralität aufgibt, weil sie Entscheidungen mitträgt, die eine Ungleichbehandlung von Konfliktparteien beinhalten, zum Beispiel Wirtschaftssanktionen. Die

Das neutrale Verhalten der Schweiz wird jeweils so ausgelegt, wie es die Bundesräte richtig dünkt.

Haltung des Bundesrates dazu ist klar: Die Mitgliedschaft in internationalen Organisationen ist wunderbar mit der Neutralität vereinbar, sofern es sich nicht um Militärbündnisse handelt. Das gilt explizit auch fürs Mittragen von Sanktionen und militärischen Zwangsmassnahmen, da «das Neutralitätsrecht keine Anwendung findet, wenn der UNO-Sicherheitsrat zur Wiederherstellung des Weltfriedens und der internationalen Sicherheit handelt.»

Das heisst: Die Einschätzung der UNO, welche Massnahmen dem «Weltfrieden» zuträglich sind, muss bedingungslos mitgetragen werden. Und die Schweiz ist in Bezug auf die UNO alles andere als zurückhaltend: Seit dem 1. Januar 2023 und noch bis Ende 2024 sind wir ein nichtständiges Mitglied des Sicherheitsrates. Nach einem jahrelangen Bewerbungsverfahren bewilligte die UNO-Generalversammlung den Schweizer Sitz mit 187 von 190 Stimmen – auch zur Freude des Bundesrates, der betont, dass dies der Schweiz besondere Möglichkeiten eröffnet, um zu weltweitem Frieden und Sicherheit beizutragen.

Angesichts all dessen sollte die Frage, was Neutralität im 21. Jahrhundert bedeutet, neu diskutiert und am besten auch gesetzlich verankert werden. Sonst reduziert sich die Schweizer Neutralität endgültig darauf, ein hübscher Slogan zu sein – und ein Fähnlein im Wind, das immer so gehisst wird, wie es den Regierungsvertretern gerade passt. ●

Wie der Krieg Politiker bereichert

**Die Rüstungsindustrie ist eine Gelddruckmaschine –
aber nur für einige Auserwählte.** *von Vlad Georgescu*

Zunächst die nackten Zahlen: Global betrachtet, führen die USA die Liste der Rüstungsexporteure an. Laut einer Studie des Stockholm International Peace Research Institute beschäftigten die 25 grössten US-amerikanischen Rüstungsunternehmen im Jahr 2020 rund 1,3 Millionen Menschen, was etwa 0,8 Prozent der gesamten Erwerbstätigen in den USA entspricht. Die fünf umsatzstärksten Rüstungsunternehmen der Welt sitzen alle in den USA: Lockheed Martin, Boeing, General Dynamics, Northrop Grumman und Raytheon Technologies. Zusammen erzielten sie im Jahr 2020 einen Umsatz von rund 230 Milliarden US-Dollar, was mehr als der Hälfte des gesamten Umsatzes der 25 grössten Rüstungsunternehmen weltweit entspricht.

Im Vergleich dazu sehen deutsche Rüstungsexporte eher bescheiden aus: Die Anzahl der Arbeitsplätze in der deutschen Rüstungsindustrie wird auf rund 100 000 geschätzt. Die grössten deutschen Rüstungsunternehmen sind Rheinmetall, Krauss-Maffei Wegmann, ThyssenKrupp Marine Systems, Airbus Defence and Space, Diehl Defence sowie MTU Aero Engines.

«Der deutsche Marktanteil beim Export von konventionellen Waffen lag zwischen 2018 und 2022 bei circa 4,2 Prozent», schreibt dazu Statista, und weiter: «Damit war Deutschland in diesem Zeitraum nach den USA, Russland, China und Frankreich der fünftgrösste Rüstungsexporteur weltweit. Mit dem von Bundeskanzler Olaf

Aufrichtig zu sein, kann ich versprechen, unparteiisch zu sein, aber nicht.
Johann Wolfgang von Goethe

Scholz versprochenen Sondervermögen für die Bundeswehr in Höhe von 100 Milliarden Euro gewann die neue Rüstungskonjunktur an Schwung.»

Die Schweizer Rüstungsindustrie wiederum ist für die Volkswirtschaft des Alpenlandes fast bedeutungslos, wie eine Studie des Wirtschaftsforschungsinstituts BAK Economics zeigt. Die Bruttowertschöpfung der Rüstungsgüterproduktion lag im Jahr 2019 bei knapp 1,26 Milliarden Schweizer Franken, was nur etwa 0,2 Prozent des Bruttoinlandsprodukts entspricht. Mit dieser Produktion sind rund 7600 Arbeitsplätze verbunden, was weniger als 0,2 Prozent aller Vollzeitarbeitsstellen in der Schweiz ausmacht.

Die wichtigsten Unternehmen der Schweizer Rüstungsindustrie sind die RUAG Holding AG, die Mowag GmbH, die Pilatus Flugzeugwerke AG und die Rheinmetall Air Defence AG. Der Umsatz dieser Unternehmen belief sich im Jahr 2019 auf insgesamt rund 2,4 Milliarden Schweizer Franken, wovon etwa ein Drittel aus dem Export von Kriegsmaterial stammte.

Zweifelsohne, es geht immer um Milliarden. Doch im Vergleich zu den jeweiligen Volkswirtschaften sind diese Summen marginal. So exportierte Deutschland im Jahr 2022 Rüstungsgüter im Wert von 8,35 Milliarden Euro – bei einem BIP von rund 4,0 Euro.

Die USA wiederum waren die grösste Volkswirtschaft der Welt mit einem BIP von rund 25,46 Billionen US-Dollar im Jahr 2022 exportierten Waffen im Wert von rund 250 Milliarden Dollar. Die Schweiz schliesslich wies im Jahr 2022 ein BIP von rund 818 Milliarden US-Dollar auf – bei einer Rüstungsproduktion von 1,26 Milliarden Franken.

Trotzdem ist die Rüstungsindustrie eine Gelddruckmaschine – wenn auch nur für wenige Auserwählte. Dazu gehören in erster Linie Politiker, die nach Ausscheiden aus dem Amt auf wundersame Weise, aber vollkommen legal, als Berater oder Aufsichtsräte jener Rüstungskonzerne wechseln, die von den politischen Genehmigungen für Rüstungsexporte profitieren. Ein exemplarisches Beispiel

Ein Journalist soll sich nicht gemein machen. Auch nicht mit etwas Gutem.
Hans-Joachim Friedrichs

Wer hinter den Kulissen als Politiker wieviel Geld von der Rüstungsindustrie bekommt, bleibt verborgen.

hierfür ist Dirk Niebel: Der ehemalige Bundesentwicklungsminister (2009 bis 2013) der FDP wurde 2015 zum Leiter der Abteilung Internationale Strategieentwicklung bei Rheinmetall ernannt.

Aktive Politiker wiederum sind gegen Bezahlung in von der Rüstungsindustrie betriebenen Rüstungsvereinen unterwegs. Auch das ist in Deutschland legal. Die grosse Nähe zwischen Politik und Waffenlobby wird nur von einigen als Problem betrachtet.

«Vor einiger Zeit wurde die Bundesregierung in einer Kleinen Anfrage der Linksfraktion gefragt, was sie denn vom Nebenjob des damaligen Verteidigungsstaatssekretärs Thomas Kossendey als Vizepräsident von den beiden Rüstungsvereinen GfW und DWT halte», erklärt die Organisation Abgeordnetenwatch – und liefert die Antwort gleich mit: «Die Regierung wiegelt ab; bei den Rüstungsvereinen handele es sich um gemeinnützige und steuerbegünstigte Organisationen. Die Nebentätigkeit des Staatssekretärs sei sogar zu begrüssen, denn: ‹Die Einbeziehung fachkundiger Vertreter der öffentlichen Institutionen unterstützt eine effektive Vereinsarbeit.›»

Wer hinter den Kulissen als Politiker wieviel Geld von der Rüstungsindustrie bekommt, bleibt indes verborgen. Abgeordnetenwatch fordert daher: «Um endlich das Schattenreich der Waffenlobby auszuleuchten, bräuchte es dringend ein verbindliches Lobbyregister, in dem zum einen die Zusammentreffen zwischen Politik und Industrie und zum anderen die Mitwirkung von Lobbyisten an Gesetzentwürfen dokumentiert werden müssen.»

Die Forderung hat bislang kein Echo in der Gesetzgebung gefunden. ●

Neutralisten wollen sich den Pelz waschen und nicht nass werden, auf Eiern gehen und keines zertreten.
Christoph Lehmann

Vlad Georgescu, (*1966) in Bukarest geboren, ist ein deutsch-rumänischer Journalist, Rundfunk- und Buchautor und Redaktionsmitglied des Zeitpunkt.

Illustration: ron&roe

Partei ergreifen? Ja!
Aber wofür?

Natürlich dürfen wir uns angesichts der immer heisseren Konflikte nicht passiv in die Neutralitätsecke verziehen. Unser Land und seine Menschen müssen Partei ergreifen. Aber wofür? Darauf kann es nur eine Antwort geben: für das Völkerrecht!

von Christoph Pfluger

Alle Un-
parteilichkeit
ist artifiziell.
Der Mensch
ist immer
parteiisch und
tut sehr recht
daran. Selbst
Unparteilich-
keit ist
parteiisch.
Georg Christoph
Lichtenberg

Fast alle Konfliktparteien berufen sich heute auf das Völkerrecht: Russland begründet seine Invasion auf die Pflicht, seine Verbündeten, die von der Ukraine abgespaltenen Republiken Donetzk und Lugansk, vor den ukrainischen Angriffen zu schützen – die sogenannte «responsibility to protect». Israel beruft sich im Gazakrieg auf das Recht der Selbstverteidigung, und selbst im Streit um Taiwan machen beide Seiten völkerrechtliche Grundsätze geltend.

Ein Teil des Problems besteht darin, dass das Völkerrecht kein in sich geschlossener, konsistenter Rechtskörper ist, der zu allen Fragen eindeutige Antworten liefert. Es besteht zu einem guten Teil aus Konventionen und Verträgen, die nicht alle Staaten ratifiziert haben. Vor allem aber gibt es viele Bestimmungen, die von einzelnen Staaten gar nicht angewendet werden, weil sie vom Sicherheitsrat, der theoretisch über das Gewaltmonopol verfügt, nicht durchgesetzt werden. Beispielhaft ist die UNO-Resolution 446, die Israel die Besiedelung der besetzten Gebiete verbietet. Israel stellt sich auf den Standpunkt, dass diese Gebiete, namentlich das Westjordanland und der Gazastreifen, zum Zeitpunkt der Besetzung gar nicht zum Gebiet eines Staates gehörten, der die Vierte Genfer Konvention unterzeichnet hat, auf die sich die Resolution bezieht.

Die wachsenden Konflikte pauschal mit Völkerrecht lösen zu wollen, tönt gut, ist aber illusionär. Vielleicht ist es sogar schon so, dass die geopolitischen Verhältnisse bereits derart aus dem Ruder gelaufen sind, dass sie nicht mehr friedlich zu lösen sind. Die gegenwärtigen Aussichten sind jedenfalls so unfreundlich, dass viele Staaten nur noch von Gewalt sprechen und sich viele Menschen in ihren Kokon zurückziehen und die Geopolitik von ihrer Wahrnehmung ausschliessen.

Es gibt aber einen fundamentalen Grundsatz für das Zusammenleben der Staaten, der jetzt schon angewendet werden könnte oder zumindest eingefordert werden sollte: das Gewaltverbot gemäss Artikel 2, Abs. 4 der UNO-Charta. Es hätte zwar etwas deutlicher formuliert werden dürfen, aber es gilt nichtsdestotrotz:

> *«Alle Mitglieder unterlassen in ihren internationalen Beziehungen jede gegen die territoriale Unversehrtheit oder die politische Unabhängigkeit eines Staates gerichtete oder sonst mit den Zielen der Vereinten Nationen unvereinbare Androhung oder Anwendung von Gewalt.»*

Auf das Verbot der Anwendung von Gewalt beziehen sich die Staaten immer wieder, gerne auch solche, die den ersten Teil des Verbotes – die Androhung – durchgehend missachten. Man kann die beiden Aspekte aber nicht getrennt voneinander behandeln, nicht nur, weil sie in einem einzigen völkerrechtlichen Grundsatz formuliert werden, sondern weil sie in innigster Verbindung miteinander stehen: Wem dauernd Gewalt angedroht wird, der wird früher oder später mit der Anwendung von Gewalt antworten. Wer ständig mit der Waffe droht, wird sie früher oder später einsetzen, allein schon zum Erhalt der Glaubwürdigkeit.

Zudem ist die Androhung von Gewalt ein Machtmittel, um Vorteile zu erringen, die auf rechtlicher Basis oder im fairen Wettbewerb nicht zu erreichen sind. Ein Rüpel, der seine Mitschüler auf dem Schulhof mit der

Das Verbot der Androhung von Gewalt existiert faktisch nicht.

Androhung von Gewalt terrorisiert und sich damit Vorrechte sichert, wird früher oder später echte Gewalt ernten – nämlich dann, wenn die Schüler oder die Schulbehörden erkennen, dass Frieden erst einkehrt, wenn der Unterdrücker unmissverständlich in die Schranken oder vielmehr von der Schule gewiesen wird oder eine andere Lektion erfährt, die er versteht.

Das Verbot der Androhung von Gewalt ist auf unserer Welt buchstäblich versunken. Fast niemand kennt es, es hat keinen institutionellen oder staatlichen Anwalt, und es wurde vor dem Internationalen Gerichtshof, der dafür zuständig wäre, auch nie eingeklagt. Es ist zwar in der UNO-Charta festgeschrieben, die von allen Mitgliedern unterzeichnet wurde. Aber es existiert faktisch nicht.

Wenn die Schweiz es sich jetzt überlegt, wie sie ihre Neutralität verstehen und praktizieren will, erscheint das Verbot der Androhung von Gewalt als idealer Ausgangs- und Orientierungspunkt. Das Verbot der Gewaltandrohung der UNO hat auf der Welt keinen einzigen Fürsprecher. Nicht einmal die UNO selbst ergreift Massnahmen, wenn ein Staat oder seine Vertreter Gewalt androhen.

Was könnte die Schweiz tun? Sie könnte ein offizielles Gremium einrichten, das Androhungen von Gewalt registriert und mit verschiedenen Instrumenten ahndet. In einem ersten Schritt könnte der Verstoss gegen das Gewaltverbot dem betreffenden Staat und seinem Vertreter in einer vertraulichen diplomatischen Note zur Kenntnis gebracht werden. Im Wiederholungsfall müsste der Verstoss öffentlich gemacht und in besonders harten Fällen vor den Internationalen Gerichtshof gebracht werden. Und natürlich würden periodisch Berichte über das Verbot der Androhung von Gewalt erscheinen, in denen die Wiederholungstäter namentlich genannt werden.

Natürlich hat die gegenwärtige Schweiz nicht den Mut, ihre Neutralität auf diese Weise aktiv zu leben. Eine etwas schwächere Form wäre die öffentliche Finanzierung einer Stiftung, die sich des Verbots der Androhung der Gewalt annähme. In den Kommissionen dieser Stiftung könnten dann auch Völkerrechtsexperten anderer Länder Einsitz nehmen.

Leider wird auch dies nicht geschehen. Ähnlich trist sieht es auf der nächsttieferen Stufe aus, der Zivilgesellschaft: Keine Organisation weit und breit, die sich dieses Verbots annimmt. Einer der wenigen, der sich seit Jahren und sehr prominent für das Gewaltverbot der UNO stark macht, ist der Basler Historiker und Friedensforscher Daniele Ganser. Wie es jemandem mit einem solchen Anliegen ergeht, sieht man an der Presse, die der mutige Mann erhält.

Was lässt sich daraus ableiten? Man kann den Einsatz für das Gewaltverbot der UNO nicht Staaten oder wenigen Individuen überlassen. Warum schreiben nicht wir als Menschen an der Basis der Gesellschaft Briefe an Vertreter von Staaten, die Gewalt androhen? Wir stossen in den Medien ja mehr oder weniger dauernd auf Verstösse und gehen leichtfertig darüber hinweg. Wenn wir im öffentlichen Raum auf Gewalt stossen, schauen wir ja hoffentlich auch nicht einfach weg!

Es wäre einfach: Adresse der Institution herausfinden, in deren Namen die betreffende Amtsperson Gewalt androht, und sie in einem einfachen Brief auf den Verstoss aufmerksam machen, mit Zitat der inkriminierten Äusserung sowie des Gewaltverbots gemäss Artikel 2, Abs. 4 der UNO-Charta und mitsamt der Aufforderung, Verstösse in Zukunft zu unterlassen.

Man sollte davon freilich keine sofort sichtbare Wirkung erwarten. Aber, und das ist das Wunder des menschlichen Geistes: Man ist seinem Gewissen gefolgt, hat getan, was man kann, und das ist auf eine unerklärliche Weise ansteckend. Wir erkennen doch alle intuitiv Menschen, die sich selber treu sind – ohne dass diese darauf hinweisen. Und sie hinterlassen – zumindest bei mir – den stillen Auftrag, dem Beispiel zu folgen.

Die Zeiten sind nun wirklich nicht einfach. Die Menschen in Europa werden auf einen grossen Krieg mit Russland vorbereitet. Die Völker müssen kriegstüchtig werden bis hin zu Taschenlampen, wie der niederländische Admiral Rob Bauer, Vorsitzender des NATO-Militärausschusses, kürzlich vor den Medien sagte.

Es ist Menschenpflicht, dieser Kriegstreiberei etwas entgegenzusetzen, zumal die staatlichen Organe untätig bleiben. Das Gewaltverbot der UNO, vor allem das Verbot der Androhung von Gewalt, gibt uns den völkerrechtlichen Hebel, das zu tun, was wir können: die Stimme erheben und das Recht einfordern. ●

Gewaltverbot in der UNO-Charta: **unric.org/de/charta**

Warum Neutralität besser ist als Moral

Die Schweizer Neutralität diente stets pragmatisch dem Überleben des Kleinstaates. Die heutigen Wortführer der Schweizer Politik verdrehen Neutralität in ihr Gegenteil: Neutral ist demnach, wer für die richtige Sache einsteht.

von Samia Guemei

W ieso erkennen selbst gestandene Geschichtsprofessoren nicht, dass sie damit einem Dogma und schlimmer: Propaganda aufsitzen? In seinem Buch «Moral über alles – Warum sich Werte und nationale Interessen selten vertragen» erklärt der Politik- und Islamwissenschaftler Michael Lüders, wie die Sogkraft von Feindbildern geostrategische Hegemonialansprüche überdeckt.

Rückbesinnung, Bestandsaufnahme und Aussicht

Edgar Bonjours 1978 erschienenes Grundlagenwerk «Schweizerische Neutralität» steht auch für eine Haltung – Michael Lüders würde sagen «typisch für die Jahre vor 1990» –, die Staatspolitik und Moral trennt. Aber zu Lüders später mehr.

Ein Zitat von Bonjour gefällig? In den Jahren nach dem Ersten Weltkrieg hatte die Schweiz als fast einziges Land keine diplomatischen Beziehungen mit der Sowjetunion aufgenommen. Die Exportwirtschaft drängte allerdings darauf, endlich wieder Geschäfte mit den Russen machen zu können. Bundesrat Giuseppe Motta begründete seine Zurückhaltung mit den herben Verlusten, die Schweizer Bürger aufgrund der der Revolution 1917 in Sankt Petersburg und anderswo erlitten hatten. Das kommentiert Bonjour wie folgt (S. 112): «Das alte larmoyante Argument der moralischen Schuld trug nachgerade den Stempel der Befangenheit.» Mit anderen Worten: Moral ist für Bonjour keine Kategorie, um ein Land zu führen. Das wird auch an einer anderen Stelle deutlich, nämlich bei den Söldnern, welche die Eidgenossen trotz ihrer Neutralität über viele Jahrhunderte anderen Staaten zur Verfügung stellten. Bonjours kommentiert (S. 15): «Dass der Solddienst für die

Was ist richtig, was falsch? Wo ein Staat mit Moral argumentiert, ist Vorsicht geboten.
Bild: freepik.com

überbevölkerte Eidgenossenschaft eine unbedingte wirtschaftliche Notwendigkeit war, übersahen nur die von allgemeinen Prinzipien aus denkende Theologen wie Ulrich Zwingli und über das Seinsollende statt über das Seiende spekulierende Utopisten wie Thomas Morus.»

Hier zeigt sich, was Bonjour in Bezug auf Nationen für wichtiger hält als Moral: das wirtschaftliche Überleben eines Landes. Oder in den Worten von Bertolt Brecht: «Erst kommt das Fressen, dann die Moral.» Für die Schweiz spielte fast von Anbeginn des Dreistaatenbundes, also ab dem 13. Jahrhundert, Neutralität eine grosse Rolle, um überhaupt im Ränkespiel der Grossmächte zu bestehen.

Nun könnte man sagen: Die Schweiz ist heute nicht mehr unmittelbar von den Nachbarstaaten bedroht und muss also nicht mehr neutral sein. Soll sie also ihre Stimme in die Weltpolitik einbringen und zusammen mit dem «Wertewesten» auf Moral pochen? Das ist zumindest ein zweischneidiges Schwert. Denn wo immer ein Staatswesen mit Moral argumentiert, ist Vorsicht geboten. Häufig werden damit hegemoniale und wirtschaftliche Absichten – die eigenen oder jene von Dritten – verhüllt. In seinem eingangs genannten Buch schreibt Michael Lüders (S. 119): «Die Historie ist randvoll mit Verbrechern, die Millionen Menschen auf dem Gewissen haben und sich dabei auf eine höhere Moral zu berufen

Für die Schweiz spielte Neutralität schon immer eine grosse Rolle, um im Ränkespiel der Grossmächte zu bestehen.

wussten.» So hätten etwa die Konquistadoren mit Gott argumentiert, als sie zur Durchsetzung ihrer kolonialen Interessen die Inkas und Mayas massakrierten. Geben Staaten vor, moralisch zu handeln, verschleiern sie also oft ihre wahren Absichten.

Die neueste Geschichte zeigt: Wo immer die USA in den Krieg zog, bemühte sie schon im Vorfeld moralische Begründungen – die sich allerdings im Nachhinein als Lügen entpuppten: sei es die Brutkasten-Behauptung, die den US-Einmarsch im Kuwait begünstigte, sei es die Massenvernichtungswaffenlügen im Irak. Immer taten die Amerikaner so, als würde es ihnen um die Verteidigung von westlichen Werten wie Humanismus und Demokratie gehen. Dabei wird sie eigentlich getrieben von der Gier auf Bodenschätze sowie dem Anspruch auf globale Hegemonie. Für Lüders hatte diese vorgeschobene Bezugnahme auf «westliche Werte» einen klaren Beginn (S.30): «Erst 1990, nach dem Zusammenbruch der Sowjetunion, wurden Freiheit, Demokratie und Menschenrechte zum Mantra westlicher Werteorientierung – zwar ausschliesslich gegenüber nichtwestlich geneigten Akteuren.» Dementsprechend bleiben rechte Militärdiktaturen in Lateinamerika, die arabischen Golfstaaten oder Israel von Sanktionen verschont.

Die meisten Schweizer Parteien scheinen von den Abgründen, in die sie eine moralisch begründete Staatsdoktrin stürzen kann, wenig zu ahnen. In der Debatte um das Kriegsmaterialgesetz forderten die meisten von ihnen eine Abkehr von der Neutralität und begründen dies mit der moralischen Pflicht, der angegriffenen Ukraine beizustehen, bzw. dem Aggressor Russland zu schaden. Nachfolgend zunächst die Positionen von SP, FDP und den Grünen, am Ende des Beitrags wird die der SVP untersucht werden:

«Die sicherheitspolitische Kommission des Nationalrates (SiK-N) hat heute einer Motion zugestimmt, welche dem Bundesrat die Möglichkeit gibt, Gesuche zur Wiederausfuhr von Kriegsmaterial an die Ukraine zu bewilligen», lobte die SP Anfang letzten Jahres in einer Medienmitteilung. SP-Co-Präsident Cédric Wermuth stellte in einer Rede fest: «Für diesen Krieg gibt es nur einen Verantwortlichen und das ist Wladimir Putin.»

Die FDP begründet die Aufweichung der Wiederausfuhrverbots von Kriegsmaterial im Februar letzten Jahres ebenfalls pro-ukrainisch: «Die bestehende Regelung im Kriegsmaterialgesetz hindert eu-

Das Profitieren vom Streit der anderen wurde der Schweiz immer wieder vorgeworfen.

Wo sollte denn Land stehen, wenn nicht abseits?

ropäische Länder daran, der Ukraine militärisch zu helfen. Das widerspricht dem Neutralitätsgebot, da indirekt Russland profitiert.» Das Neutralitätsgebot wird hier geradezu ins Absurde verzerrt. Neutral würde ja bedeuten, dass man beide Kriegsparteien gleichbehandelt.

Die Grüne Partei forderte in ihrer «Kriegswaffenexport: Position der Grünen Schweiz»: «Wir dürfen in diesem Krieg (Russland-Ukraine) nicht politisch neutral sein.»

Selbst ein gestandener Geschichtsprofessor wie Jakob Tanner proklamiert im Mai 2023 in der NZZ: «Als Russland am 24. Februar 2022 in flagranter Verletzung des Völkerrechts die Ukraine angriff, sah sich die Schweiz abrupt mit der Frage konfrontiert, ob eine neutrale Haltung nicht auf eine – unbeabsichtigte oder willentliche – Unterstützung des Aggressors hinauslaufe. Nach einer fünftägigen Lernphase schloss sich der Bundesrat deshalb dem EU-Sanktionsregime an. Ein Abseitsstehen wäre von aussen zu Recht als moralisch verwerfliches Profitieren vom Krieg wahrgenommen worden.»

Das Abseitsstehen wurde der Schweiz im Laufe ihrer Geschichte tatsächlich immer wieder vorgeworfen. Es hiess des Öfteren, sie würde vom Streit der anderen profitieren. Das kann man ihr freilich vorwerfen – aber gibt es wirklich eine moralisch saubere Linie, die ein Staat verfolgen könnte? Wo sollte denn ein Land stehen, wenn nicht abseits? Moralisten würden sagen: auf der Seite der Moral. Oder: auf der Seite des Unterdrückten. Doch Kriege sind keine abstrakten Schwarzweiss-Gemälde. Wer nicht abseitssteht oder neutral ist, ist Kriegspartei für die eine oder andere Seite. Eine vierte Position gibt es nicht.

Alle Engführungen auf Freund und Feind sind unzulässige Vereinfachungen. Was bei einem Streit zwischen Schulkindern oder Nachbarn gilt, gilt erst recht für Staaten mit ihren unzähligen wirtschaftlichen und politischen Verflechtungen. Die Frage nach dem Schuldigen führt

Mischt Euch nicht in fremde Händel!

Niklaus von Flüe

nicht zur Schlichtung. Ja, und selbst, wenn eine der Parteien wirklich mehr «Schuld» auf sich geladen hätte, so nützt es nichts, wenn Dritte sich auf die andere Seite schlagen. Sie werden damit Teil des Problems und nicht Teil der Lösung. Teil der Friedenslösung zu sein, das wäre moralisch. Teil einer der Kriegsparteien zu werden, sei es mit Waffenlieferungen oder Sanktionen, ist unmoralisch. In dem Sinne ist Neutralität die bessere Moral.

Die einzige Partei, die an der Schweizer Neutralität festhält, ist die SVP.

Doch wer im heutigen Diskurs für Friedenslösungen einsteht, gilt als «Putin-Versteher», mithin als unmoralisch. Wie kommt es zu solchen Verdrehungen?

Michael Lüders schreibt von genau solchen moralischen Wertumkehrungen. Er beschreibt, wie sich Hegemonialabsichten durch vorgehängte moralische Verurteilungen kaschieren lassen.

Dabei erweist sich, dass nackte Zahlen und Fakten nicht handlungsorientierend für Menschen oder gar ganze Staatsgebilde sind. So hat sich die in den USA tonangebende Rand-Corporation, ein regierungsnaher Think Tank, lang und breit geäussert, wie sie gedenkt, Russland zu schwächen.

Das geht vom Abdrehen des russischen Gashahns für Europa über die Zerstörung der wirtschaftlichen Beziehungen zwischen Russland und Deutschland bis zur Diskreditierung von Russlands Ruf in der Welt. Das alles liegt offen. Trotzdem glauben die Menschen das Ammenmärchen vom «Bösen Russen».

Auch im massiv von den Wirtschaftssanktionen gegenüber Russland betroffenen Deutschland. Handlungsorientierend sind nicht die US-Absichtserklärungen, sonden Gefühle wie Wut, Mitleid, Solidarität oder eben moralische Erhabenheit.

Dazu noch einmal Lüders (S. 186): «Die von Pathos begleitete Überidentifikation mit dem ukrainischen

> Wenn wir uns überall einmischen wollen, wo himmelschreiendes Unrecht geschieht, dann riskieren wir den Dritten Weltkrieg.
> Helmut Schmidt

Präsidenten (…) sind Ausdruck blinder Amerika-Hörigkeit, aber auch eines entfesselten Moralismus. Die Tragik der Deutschen besteht darin, dass sie in ihrer grossen Mehrheit subjektiv davon überzeugt sind, es gäbe tatsächlich eine ‹Wertegemeinschaft› mit den USA, sie seien gar unsere ‹Schutzmacht›.»

In Wirklichkeit leidet kaum ein Land so sehr unter den Wirtschaftssanktionen gegen Russland wie Deutschland. Von Schutz durch die USA kann keine Rede sein, im Gegenteil: Die USA ist der lachende Dritte und zwingt den Deutschen teures, extrem umweltschädigendes Flüssiggas auf.

Auch in der Schweiz wäre Vorsicht gegenüber amerikanischen Ränkespielen und Gelüsten angebracht. 2009 entrissen die USA der Schweiz das Bankgeheimnis. Heute sind die USA das grösste Steuerparadies für Gelder, die nicht deklariert zu werden wünschen. Das schreibt nicht nur der Bankenblog «Insideparadeplatz», sondern auch die Finanzplattform «Finews».

Die einzige Partei, die an der Schweizer Neutralität festhält, ist die SVP. Sie hat denn auch die Neutralitätsinitiative mit angestossen, die jene in der Bundesverfassung verankern möchte. Die junge SVP-Politikerin Emmylou Ziehli Maillard erläuterte in einem Referat im November 2023 dazu: «Wir müssen realistisch sein: Bei Konflikten, in denen Grossmächte wie die USA, die EU, die NATO mitmischen, kann die Schweiz das Blatt nicht wenden. Die Schweiz ist zu klein, um den Sieg herbeizuführen. Sie kann jedoch helfen, friedliche Lösungen zu finden.»

In der Tat wurden die «guten Dienste» der Schweiz als Friedensvermittler seit ihrer Annäherung an EU-Positionen in den letzten Jahren weniger nachgefragt. So vermittelt nicht etwa die Schweiz zwischen Israel und der Hamas, sondern Katar.

Fazit: Eine neutrale Schweiz der «Guten Dienste», interessiert am Lindern der Kriegsleiden, nicht am Verurteilen der Kriegsparteien – das war lange Zeit, was die Schweiz für die Welt leistete. Es ist Zeit, dass sie sich daran erinnert! ●

Die Quellen zu diesem Text finden Sie hier: zeitpunkt.ch/neutralität_moral

Michael Lüders: **«Moral über alles? Warum sich Werte und nationale Interessen selten vertragen»**, Penguin 2023, ISBN 9783641309909, 272 S., CHF 27.90

Leserumfrage: *Wie halten Sie's mit der Neutralität?*

Dürfen wir heute noch neutral sein? Oder müssen wir es sogar? Einige Antworten auf unsere Umfrage.

D ie öffentlich gesteuerte Parteinahme für die Ukraine und für Israel, die aggressive Hetze, gesteuerte Propaganda gegen Russland und Palästina führen zu noch mehr Leid (auch im eigenen Land), noch mehr kriegerischen, vernichtenden Aktionen, bei denen unschuldige Zivilisten und Kinder ihr Leben verlieren. Neutralität wirkt vermittelnd, dient den Menschen und dem Frieden, schafft Raum für Reflexion. **Ute Schnabel, Deutschland**

«Neutralität bedeutet, dass ich dem Gegenüber meine Aufmerksamkeit und meinen Respekt schenke, nicht notwendigerweise mein Einverständnis. Es bedeutet nicht, dass ich die Handlung des andern nicht schärfstens verurteilen oder mich sogar dagegen zur Wehr setzen darf.

Man darf Russland für den Angriffskrieg verurteilen. Oder Israel. Oder die USA. Oder jede Organisation unter falschen oder echten Flaggen, welche Gewalt ausübt. Die Taten verurteilen und gleichzeitig neutral und offen bleiben. Die Menschen würdigen und ihre Beweggründe verstehen. Das ist uns allen möglich, wenn wir bereit dazu sind.» **Josef Benz**

«Ich finde, dass in der heutigen verflochtenen Welt Neutralität so nicht mehr geht. Wir sollten klar Stellung beziehen, wenn es unzweifelhaft einen Aggressor gibt und ein überfallenes Land, gleichgültig, was die Vorgeschichte war. Ob es sinnvoll ist, Waffen zu liefern, ist eine andere Frage. Was ist die Alternative, wenn vor allem der Aggressor, aber auch das angegriffene Land, nicht zu Friedensgesprächen bereit sind?» **André Gerber, Oberhofen am Thunersee**

«Den Frieden mit Neutralität verteidigen, heisst auch, den Nachteil auf sich zu nehmen, von beiden Konfliktparteien als Feind behandelt zu werden, Sanktionen über sich ergehen zu lassen etc. Solange nicht alle Staaten neutral sind, muss die Neutralität eine bewaffnete sein, die bereit ist, sich gegen alle äusseren Aggressoren zu verteidigen. Das kann nur mit Hilfe einer eigenen Armee und einer einheimischen Rüstungsindustrie erfolgreich sein. Eine solche ist aber darauf angewiesen, ihre Waffen *auch im Ausland verkaufen zu können. Es macht keinen Sinn, Produkte herzustellen, die gemäss Gesetz nicht für den Zweck eingesetzt werden dürfen, für den sie produziert wurden. Im Sinne der Neutralität wäre es gewesen, die Sanktionen parteinehmender Staaten nicht mitzutragen, sondern nur deren Umgehung via Schweiz zu verhindern.»* **Hartwig Thomas, Rüti**

«Neutralität hat für mich den Beigeschmack von Gleichgültigkeit und Feigheit. Wer Rückgrat hat, steht zu seiner Geisteshaltung. Menschsein beinhaltet verantwortungsbewusstes Handeln. Politisch betrachtet, gelten unsere Grundrechte als Richtschnur.» **Aluis Friberg, Richterswil**

«Wenn ein auf die Bundesverfassung (BV) vereidigter Bundesrat für eine kriegführende Nation Partei ergreift, dann verstösst er gegen die BV. Kein Bundesrat ergriff im Ersten und Zweiten Weltkrieg Partei für einen anderen Staat. Diese neutrale Haltung ersparte uns die Verwicklung in jene beiden Kriege. Neutrales Verhalten rettete Menschenleben. Ich weiss, es ist gegenwärtig wohlfeil und ‹politisch korrekt›, diese Verfassungsnorm in Frage zu stellen. Die Aufforderung von ausländischen Staatsorganen, die Schweiz soll nach deren Wünschen Partei ergreifen, ist ungefähr so opportun, wie unsere Landesgrenzen in Frage zu stellen.» **Richard Scholl**

«Ich glaubte einst aufrichtigen (und naiven) Herzens an die Schweizer Neutralität. Ich war gar stolz darauf, wie viele meiner Mitbürger*innen auch. Seit vier Jahren ist dies endgültig vorbei.

Wir haben uns einer Illusion hingegeben, haben uns im Schatten der Neutralität in Sicherheit wähnen wollen, haben von deren Schattenseiten profitiert. Neutralität hat unsere Gewissen beschwichtigt, solange sie andauerte. Aber sie hat nicht das geleistet, was sie hätte leisten müssen und können: allen Seiten Gehör zu schenken und sich keiner Seite anzubiedern – und schon gar nicht eine Seite zu bevorteilen. Wie kann ein korruptes Land ‹neutral› sein?» **Ingrid Höhn, Rosshäusern**

«Betreffend Neutralität ist für mich die Aussage ‹mischt Euch nicht in fremde Händel› immer noch die Grundlage.» **Peter Gerschwiler**

Politisch oder sogar militärisch sollte die Schweiz neutral bleiben. Aber die Redefreiheit und die Meinungsfreiheit sollte gefördert werden. Es sollte in den Öffentlich-rechtlichen heftige Diskussionen geben über die Fehler der einen und der andern. Das ist die Voraussetzung für gute politische Entscheidungen. **Johannes Mahler, Rüti**

Mehr finden Sie hier: **zeitpunkt.ch/taxonomy/term/2965**

Blockfreie Staaten:

Neutral ohne Macht

von Vlad Georgescu

Die Bewegung der blockfreien Staaten (Non Aligned Movement, NAM) hat ihren Ursprung in der ersten grossen afro-asiatischen Konferenz, die 1955 im indonesischen Bandung stattfand. An der Konferenz nahmen Delegationen von 29 Regierungen teil, grösstenteils aus Asien, da die meisten der heutigen afrikanischen Staaten damals noch unter kolonialer Kontrolle standen. Die Konferenz wurde einberufen, um über den Frieden und die Rolle der Entwicklungsländer angesichts des tobenden Kalten Krieges sowie über die wirtschaftliche Entwicklung und die Entkolonialisierung der kolonial besetzten Länder zu diskutieren.

Auf der Grundlage der auf der Konferenz von Bandung vereinbarten Grundsätze wurde die Bewegung der Blockfreien im Jahr 1961 auf dem ersten Gipfeltreffen in Belgrad, Jugoslawien, formell gegründet. Die 25 teilnehmenden Länder waren: Afghanistan, Algerien, Birma (Myanmar), Kambodscha, Ceylon (Sri Lanka), Kongo-Leopoldville (DRC), Kuba, Zypern, Ägypten, Äthiopien, Ghana, Guinea, Indien, Indonesien, Irak, Libanon, Mali, Marokko, Nepal, Saudi-Arabien, Somalia, Sudan, Tunesien, Jemen und Jugoslawien. Die NAM repräsentiert über die Hälfte der gesamten Menschheit.

Seit ihrer Gründung hat sich die NAM-Bewegung im Einklang mit den Grundsätzen der Charta der Vereinten Nationen für internationalen Frieden und Sicherheit eingesetzt. Ihre Mitglieder haben sich mit Nachdruck für die nukleare Abrüstung und die Einrichtung atomwaffenfreier Zonen, für die Verurteilung und Bekämpfung des Terrorismus in all seinen Formen und Ausprägungen sowie für die Unterstützung der Bemühungen der Vereinten Nationen um Friedenssicherung und -konsolidierung eingesetzt.

Im Gegensatz zu anderen regionalen und internationalen Organisationen wie den Vereinten Nationen oder der Afrikanischen Union verfügt die NAM weder über eine formelle Gründungsurkunde, ein Gesetz oder einen Vertrag noch über ein ständiges Sekretariat. Die Koordinierung und Verwaltung der Angelegenheiten der Bewegung obliegt daher dem Land, das den Vorsitz innehat. Das ist derzeit Uganda. ●

FARBEN ERLEBEN – FARBERLEBEN - FARBEN GESTALTEN

VOM OSTERMONTAG 1.APRIL - 7.APRIL 2024
EINE MÄRCHENHAFTE WOCHE

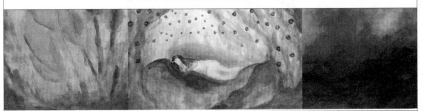

In dieser Woche werden wir in das Wesen der Farben eintauchen, im begleiteten, freien Malen entstehen so individuell gestaltete Bilder, in deren Spiegel wir alle auf eine besondere Weise unserer eigenen Ge-schichte begegnen können. Die Themen der Wochen-tage begleiten uns mit den eindrücklichen Bezügen zur Planetensphäre.

Methoden: • Malen • Bilderreisen • Märchen • Biografiearbeit • Tierkreis- und Planetenwirken

Malerische Voraussetzungen: KEINE
Kurskosten inkl. Material: CHF 500.-

Kursort:
Rudolf Steiner Schule Luzern
Riedholzstrasse 1
6030 Ebikon

Anmeldung und Kursleitung
Ursula Staubli
Kunsttherapeutin ED
Haldenstrasse 6
6020 Emmenbrücke
041 262 15 84
kontakt@ursulastaubli.ch
www.ursulastaubli.ch

Wasser ist Leben, keine Ware

von Christa Dregger

Unsere Zukunft, der Friede und das Leben auf der Erde hängen davon ab, dass wir lernen, mit Wasser wesensgerecht umzugehen. Einleitende Gedanken zum zweiten Heft-Schwerpunktthema.

Vor etwa 5 Milliarden Jahren

Unter all den Welten entsteht zumindest eine, in der sich unendlich viele Lebensformen wohl fühlen können. Wo die unterschiedlichsten klimatischen und geologischen Bedingungen Vielfalt gedeihen lassen und alle Wesen mit verschwenderischer Grosszügigkeit versorgen. Dazu braucht es eine ganz besondere Zutat. Eine Substanz, die alles verbindet und in alle Winkel strömt: Wasser, das purste Lebens-Mittel überhaupt. Die Versorgung damit ist auf unserem Heimatplaneten, der nicht «Erde» sondern «Wasser» heissen sollte, nach dem Prinzip von Fülle und Grosszügigkeit geregelt: Die Wasserkreisläufe erreichen jede Region und jede Zelle, füllen Erde, Quellen und Flüsse, nähren Pflanzen, Wälder, Tiere und Menschen auf ihrem Weg des vielfach wiederholten Abregnens, Einsickerns, kapillaren Aufsteigens und Verdunstens. Festgehalten wird hier nichts, Wasser ist Bewegung. So frei will das Leben immer sein dürfen. Wenn wir verstehen, mit Wasser wesensgerecht umzugehen, dann bewahren wir das Leben.

Die Lakota brachten es auf die Formel «Wasser ist Leben.» (s. S. 56) Auch heute noch lassen einige in einer Geste des Dankes bei jedem Glas Wasser ein paar Tropfen auf die Erde fallen. Doch mit der Einführung von Pflugwirtschaft und Landbesitz begann die Zerstörung der Wasserkreisläufe. Und Wüstenbildung wiederum förderte die Ausbildung von patriarchalen und hierarchischen Kulturen, siehe die Forschung von James DeMeo. Wasser wurde gespeichert, kanalisiert, gestaut – und knapp. Und je knapper etwas wird, desto wertvoller wird es als Ware.

Auf einer Weltwasserwoche hörte ich eine Anlagefonds-Managerin den anwesenden Finanzinvestoren versprechen: «Wasser wird zukünf-

Wasser ist Bewegung.
So frei will das Leben immer sein dürfen.

Wasser wird in Zukunft ein fantastisch knappes Anlagegut sein.

tig in Afrika ein fantastisch knappes Anlagegut sein», und sie stellte für wasserbezogene Investitionen jährliche Renditen von 25 Prozent in Aussicht. Aber Wasser ist zu anarchisch, um sich so zu verhalten, wie es dem Kapitalismus passt.

Im Süden Portugals

Hier habe ich 18 Jahre gelebt und das Leben in einer Region kennengelernt, der das Wasser ausgeht. Winterniederschläge werden weniger, Hitze und Dürre im Sommer unerträglich. Quellen versalzen, Flüsse versiegen, Wälder brennen. Dörfer müssen im Sommer mit Tankwagen versorgt werden, denn Tanks und Brunnen fallen trocken. Bauern können sich das teure Wasser der Staudämme nicht leisten und geben auf. Kommt das auch auf Mitteleuropa zu?

Auf einer Tagung des Weltwasserrates in Lissabon hörte ich Experten und Politiker darüber sprechen, dass die neue Weltordnung zwischen wasserreichen und wasserarmen Regionen unterscheiden werde – und dass man Südeuropa schon aufgegeben habe.

Das machte mich wütend: Wie kann man eine so grosse Region mit so vielen Menschen «aufgeben»? Warum verstärkt man die Situation noch – indem man im grossen Stil durstige Eukalyptusplantagen pflanzt, ganze Küstenstreifen der wasserintensiven Gewächshauskultur überlässt und küstennahe Schlüsselregionen abholzt, um Hotels und Campingplätze zu bauen?

Schuld sei der «Klimawandel» – dabei legen meteorologische Forschungen (wie von Prof. Millán Millán aus Valencia) nahe, dass es eine direktere Erklärung für das Ausbleiben des Regens gibt: Ohne Wälder entstehen Hitzeblockaden. Vom Meer kommende Wolken gelangen deshalb nicht über das Festland und treiben zurück, regnen über dem Wasser ab und erhöhen die Meeresspiegel. Das Land hingegen überhitzt. Die Abholzung in küstennahen Schlüsselregionen hat einen Effekt auf die Regenmuster bis nach Mitteleuropa.

Die Lösung liegt auf der Hand: Bodenversiegelung sowie Ableitung von Wasser via Kanalisation etc. vermeiden oder rückbauen, Böden mit Vegetation bedeckt halten, so dass sie viel Niederschlag aufnehmen können, ohne zu erodieren – an möglichst vielen Orten, in Stadt und

Land. (Mehr dazu im Beitrag «Der globale Wasserplan» auf S. 54-55)
Doch wassergerechtes Handeln ist der Politik und der Wirtschaft fremd.
Kriege um Wasser sind längst Realität, etwa in Nahost. (S. 48) Der Wasserkrieg von Bolivien brachte eine Regierung zum Sturz. Wasser gilt
mittlerweile als Menschenrecht – allerdings wird es einem grossen Teil
der Menschheit noch immer verwehrt: Nach Schätzungen von Unicef
haben etwa 771 Millionen Menschen noch nicht einmal eine Grund-
versorgung mit Trinkwasser. 1,42 Milliarden Menschen leben in Ge-
bieten mit insgesamt hoher oder extrem hoher Wasserunsicherheit,
darunter 450 Millionen Kinder. Unser Wasserplanet ist dabei, sich in
einen Wüstenplaneten zu verwandeln: Über 40 Prozent der globalen
Landmasse zählen heute zu den Trockengebieten. Bis 2040 wird fast jedes vierte Kind auf der Welt in einer Region leben, die von extremer
Trockenheit betroffen ist.

Solothurn, Januar 2024

Ich stehe an der Aare, über mir dicke Wolken, die Luft trieft vor Feuchtigkeit: so ein Reichtum! Doch dieser Reichtum kann auch umschla-
gen: In vielen Regionen führt Starkregen nun fast in jedem Winter zu
Überschwemmungen. Diese sind ebenso wie Dürren Ausdruck von ge-
störten Wasserkreisläufen. Das können wir – den politischen Willen vo-
rausgesetzt – ändern!
  Bis die Politik tätig wird, lasst uns selbst etwas tun. Am 22. März ist
Weltwassertag. Ich lade ein, uns des Wassers bewusst zu werden. Wie
geht es dem Wasser an unserem Wohnort? Woher kommt unser Trinkwasser? Wohin fliesst das Wasser, das unser Haus verlässt? Zu welchem
Flusssystem gehören wir? Können wir einen oder mehrere Tage lang
dem nächsten Fliessgewässer folgen? Wie können wir es ehren? Etwa
indem wir eine Schutzaktion für einen Bach organisieren? Oder ein
Konzert? Oder indem wir – vielleicht nur an einem Baum vor der Haus-
tür – dafür sorgen, dass Wasser wieder in die Erde einsickern kann? Ich
verbinde das gerne mit einem kleinen Moment des Danks.   ●

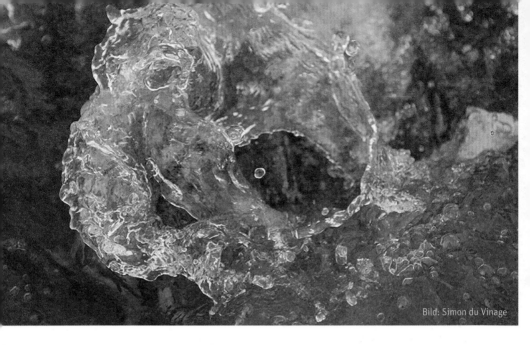

Bild: Simon du Vinage

Das Gedächtnis des Wassers

Wasser kann Informationen aufnehmen, speichern und weitergeben: Diese Fähigkeit des Wassers ist eine Katastrophe für die profitorientierte Medizin.

von Kerstin Chavent

In den 1980er Jahren machte der Mediziner Jacques Benveniste (1935–2004), Direktor der Forschungsabteilung des französischen Gesundheits- und Forschungsinstituts INSERM, eine Entdeckung, die ihn seine Karriere und seinen Ruf kosten sollte: Der bis dahin hoch angesehene Forscher hatte herausgefunden, dass Wasser Informationen aufnehmen, speichern und weitergeben kann, die stofflich nicht mehr nachweisbar sind. Wasser habe eine Art Gedächtnis.

Die Erforschung des Elementes Wasser als Informationsträger bleibt dem Vorwurf der Pseudowissenschaft ausgesetzt.

Wasser reagiert in seiner Molekularstruktur sensibel auf äussere Einflüsse wie Ultraschall, Musik, Gedankenkräfte, Ausstrahlung oder Mobilfunk.

Ein im angesehenen Wissenschaftsmagazin *Nature* veröffentlichter Artikel von ihm wurde wieder zurückgezogen und löste einen jahrelangen Streit aus. Die Erkenntnis war insbesondere für die Homöopathie bahnbrechend. Wenn Jacques Benveniste recht hatte, dann würde das bedeuten, dass wir medizinisch nicht mehr auf oft mit hohen Kosten und schädlichen Nebenwirkungen verbundene chemische Substanzen angewiesen wären. Die Erkenntnis, dass Wasser Informationen speichern und wieder abgeben kann, wäre eine Revolution für unsere Gesundheit – und eine Katastrophe für die profitorientierte industrielle Medizin. Benvenistes Entdeckung musste also als wissenschaftlicher Humbug abgetan werden.

An den Rand gedrängt

Heute steht die Homöopathie kurz davor, als Kassenleistung gestrichen zu werden. Die Erforschung des Elementes Wasser als Informationsträger bleibt marginal und dem Vorwurf der Pseudowissenschaft ausgesetzt. Als eine Art Nebenprodukt seiner eigentlichen Forschung konnte der Professor für Luft- und Raumfahrttechnik Bernd-Helmut Kröplin (1944–2019) mit seinem Team nachweisen, dass Jacques Benveniste richtig lag. Auch nach Kröplins Erkenntnis reagiert Wasser in seiner Molekularstruktur sensibel auf äussere Einflüsse wie Ultraschall, Musik, Gedankenkräfte, Ausstrahlung oder Mobilfunk und kann Informationen speichern.

In der Kunst hat es der japanische Forscher Masaru Emoto (1943–2014) zu internationalem Ansehen gebracht. Seien Fotografien sind einem breiten Publikum bekannt. Doch auch er gilt als «umstritten». Er beschriftete zum Beispiel Wasserbehälter mit positiv konnotierten Worten wie «Liebe», «Freundschaft», «Dankbarkeit» oder negativ konnotierten Begriffen wie «Angst», «Hass», «Wut». Bei den positiv konnotierten Begriffen erwiese sich die Struktur der Wasserkristalle unter dem Mikroskop als harmonisch, während sie bei den negativ konnotierten disharmonisch und zerrissen war.

Am Anfang war der Klang

Der Schweizer Naturforscher Hans Jenny (1899–1992) prägte den Begriff der Kymatik: das bildgebende Verfahren von Klängen. In Anlehnung an die Arbeit von Ernst Florens Friedrich Chladni (1756–1827) bestreute er Platten aus Glas oder Metall mit einem feinen Pulver und versetzte sie in Schwingung. Je nach Schwingungsart entstanden feine und komplexe Muster, wie sie in der Natur zum Beispiel auf dem Rücken einer Schildkröte oder als Anordnung der Körner einer Sonnenblume zu finden sind.

Aktuell betrachtet der deutsche Forscher und Medienkünstler Alexander Lauterwasser die Auswirkungen komplexer Klänge und bewegter Musik auf Wasser. Bei bestimmten Frequenzen beginnen Wassertropfen, in klaren geometrischen Formen rhythmisch zu schwingen. Sich überlagernde Wellen bilden einheitlich schwingende Felder, deren Ordnungsprinzipien wie bei den Versuchen Chladnis und Jennys an natürlich vorkommende Muster und Strukturen erinnern.

Wer sich auf die beeindruckenden Klangbilder einlässt, bekommt pure Poesie zu sehen. Betrachter werden nicht selten von der Schönheit und Komplexität der Bilder erfasst. Vielleicht formuliert sich in ihnen die Frage, welche Muster sich in ihren eigenen inneren Wassern bilden. Welche Informationen sind hier unterwegs? Wie mögen die Wasserkristalle in uns aussehen? Sind sie harmonisch oder disharmonisch angeordnet?

Heilung

Auf einer der Fotografien Masaru Emotos sind Wasserkristalle des als heilig geltenden indischen Flusses Ganges zu sehen. Trotz dessen starker Verschmutzung sind diese Kristalle harmonisch angeordnet. Sind es die Gebete und Meditationen der Menschen, die einen stärkeren Einfluss auf die Formbildung der Wassermoleküle haben als die materiell nachweisbaren verschmutzenden Substanzen? Können physische Störungen also durch positive Gedanken und Gefühle behoben werden?

Jeder mag für sich entscheiden, welche Bedeutung er den Erkenntnissen von Benveniste, Kröplin, Emoto,

> *«In jedem Tropfen Quellwasser sind mehr Kräfte vorhanden, als ein mittleres Kraftwerk der Gegenwart zu erzeugen vermag.*
>
> Viktor Schauberger

Wirbelbildung des Wassers
(Bild: Simon du Vinage)

Jenny oder Lauterwasser beimisst. Ebenso wie bei der Unschärferelation in Bezug auf Teilchen und Welle hängt es wohl vom Beobachtenden selber ab, was er zu sehen bekommt. Was lassen wir durch die Energie unserer Aufmerksamkeit Realität werden?

Wie sähe eine Welt aus, in der wir uns unserer Gestaltungsmöglichkeiten bewusst sind? Was für eine Realität würden wir uns erschaffen? Welche Informationen würden wir ins Feld geben? Wie würde unser Planet sich entwickeln, wenn wir den Gewässern unseren höchsten Respekt, unsere nobelsten Gefühle, unsere schönsten Gedanken und Worte zukommen lassen würden?

Welche Vision uns auf diese Fragen auch kommt: Wir müssen nicht darauf warten, bis wissenschaftlicher Konsens herrscht. Wir können uns ein Glas Wasser einschenken und – vielleicht durch eine Meditation oder durch ein poetisches oder künstlerisches Gebet – die Informationen in es hineingeben, die wir wollen. Dann können wir es trinken. Was auch immer dann passiert: Öffnen wir uns für die Möglichkeit, dass dies vielleicht durch die Information ausgelöst wurde. ●

Die Quellen zu diesem Text finden Sie hier: zeitpunkt.ch/wassergedächtnis

Kerstin Chavent lebt in Südfrankreich und schreibt Essays und autobiographische Erzählungen. Ihre Schwerpunkte sind der Umgang mit Krisensituationen und Krankheit und die Sensibilisierung für das schöpferische Potential im Menschen. Ihr Blog: **bewusstseinimwandel.blogspot.fr**

Wasser als Waffe

Menschen haben Wasser immer wieder als Kriegsmittel eingesetzt. Länder halten sich nicht an das Völkerrecht – und ignorieren alle ethischen Grenzen, indem sie Wasser als Waffe benutzen. *von Vlad Georgescu und Marita Vollborn*

D er mittlerweile auch vor dem Internationalen Gerichtshof gebrachte Völkermord in Gaza durch Israel begann nicht mit Panzern und Geschossen, sondern mit einer Blockade. Noch im Oktober vergangenen Jahres riegelte die israelische Armee den Gaza-Streifen komplett von der Aussenwelt ab – und kappte auf diese Weise die Wasserversorgung von rund zwei Millionen Menschen. Die Wasserknappheit entwickelte sich innerhalb weniger Wochen zu einem riesigen Problem und verschärfte die humanitäre Katastrophe im Gazastreifen, wie Saeb Laqan Khan von der Wasserabteilung in Yunis den wenigen interessierten westlichen Medien erklärte: «Die Bewohner des Gazastreifens stehen vor einer humanitären Katastrophe mit sehr schlimmen Folgen, weil die Wasserversorgung nicht gewährleistet ist. Es gibt kein Wasser, das in die Leitungen gepumpt werden kann, weder über Brunnen noch über die Verteilung».

Lediglich 300 Milliliter pro Tag und Kopf standen damals der Bevölkerung noch zur Verfügung – zwischen

Die Kriege der Zukunft werden um Wasser geführt.
Boutros Ghali

zwei und drei Litern gelten in südlichen Ländern als lebenserhaltende Menge.

Trinkwasser ist ein lebenswichtiges Gut, laut der UNO ein Menschenrecht, das für alle Menschen zugänglich sein sollte. Im aktuellen Krieg Israels gegen die Palästinenser ist Wasser womöglich eine mächtigere Waffe als Stahl und Blei. Dass die israelische Regierung ihren Angriff mit der Kappung der Wasserversorgung startete, mag aufgeklärt Denkende im Jahr 2024 schockieren. Neu ist diese menschenverachtende Strategie allerdings nicht.

Wasser zur Kontrolle, Unterdrückung oder Zerstörung von Menschen und Ländern kam in der Vergangenheit unzählige Male zum Einsatz. Die Strategie von Wasser als Kriegsmittel gegen Menschen zieht sich wie ein roter Faden durch die gesamte Menschheitsgeschichte:

Die Assyrer, die im 8. und 7. Jahrhundert v. Chr. ein mächtiges Reich im Nahen Osten errichteten, nutzten Wasser, um ihre Feinde zu belagern, zu schwächen oder zu ertränken. Sie bauten Dämme, Kanäle und Tunnel, um Flussläufe zu verändern oder die Wasserzufuhr ganz zu kappen.

Die Mongolen, die im 13. Jahrhundert weite Teile Asiens und Europas eroberten, verwendeten Wasser als Waffe der Massenvernichtung. Sie zerstörten die Bewässerungssysteme ihrer Gegner, um Hungersnöte und Seuchen auszulösen. Sie öffneten auch die Schleusen von Staudämmen, um ganze Städte zu überfluten.

Die Nazis, die im Zweiten Weltkrieg versuchten, Europa und die Welt zu beherrschen, setzten Wasser als Mittel der Vernichtung und des Völkermords ein. Sie zerstörten die Wasserversorgung von Ghettos und Konzentrationslagern, um die Insassen verdursten oder krank werden zu lassen. Zudem vergifteten sie Brunnen und Flüsse, um die Zivilbevölkerung auszurotten.

Die USA, die im Vietnamkrieg gegen den kommunistischen Norden des Landes kämpften, führten eine massive Operation zur Zerstörung der Reisernte durch. Sie sprühten Herbizide wie Agent Orange über Dschungel und Felder aus und töteten damit Pflanzen ab und ver-

Nur 300 Milliliter gab es in Gaza pro Tag und Kopf – zwischen zwei und drei Litern gelten in südlichen Ländern als lebenserhaltende Menge.

seuchten das Wasser. Sie bombardierten auch Dämme und Kanäle, um Überschwemmungen und Dürren zu verursachen.

Der Sudan, der seit den 1980er Jahren von einem Bürgerkrieg zwischen dem Norden und dem Süden heimgesucht wird, nutzte Wasser als Instrument der Unterdrückung und des Völkermords. Die Regierung im Norden kontrollierte den Nil und seine Nebenflüsse und verweigerte dem Süden den Zugang zu Wasser.

Allein der Blick auf solche Beispiele lässt erschaudern. Doch Menschen durch Wasserentzug zu töten birgt noch einen weiteren Aspekt: Es demoralisiert die Betroffenen, raubt ihnen jegliche Widerstandskraft und lässt sie, im Falle des Verdurstens, elendig im Zeitlupentempo sterben.

Verdursten ist ein qualvoller Tod. Die Symptome kommen zunächst schleichend daher und sind unter anderem trockener Mund, Schwäche, Schwindel, Kopfschmerzen, Verwirrtheit, Halluzinationen und Krämpfe. Was dann folgt, ist der Kollaps des gesamten Organismus: Der Blutdruck sinkt, die Herzfrequenz steigt und die Nieren versagen. Bis zum Schluss versucht der Körper, Wasser zu sparen. Dazu reduziert er die Schweiss- und Urinproduktion. Doch dieses biochemische Notprogramm hilft nicht. Die Haut wird trocken und rissig, die Augen sinken ein, die Zunge schwillt an. Der Tod tritt ein, wenn das Gehirn nicht mehr ausreichend mit Sauerstoff versorgt wird und die lebenswichtigen Funktionen komplett ausfallen.

Der Einsatz von Wasser als Waffe ist eine Verletzung des humanitären Völkerrechts: Dieses sieht den Schutz von Zivilisten und zivilen Objekten in bewaffneten Konflikten vor. Wasser und Wasserinfrastruktur gelten als lebensnotwendige Güter, unerlässlich für das Überleben und die Gesundheit von Menschen unerlässlich.

Aus ethischer Sicht steht fest: Wenn lebensnotwendige Güter gezielt angegriffen, zerstört oder manipuliert werden, um Gegner zu schwächen oder zu bestrafen, werden Menschenrechte wie das Recht auf Leben, Gesundheit und Würde verletzt. Die Verwendung von Wasser als Waffe kann zu sekundären, schwerwiegenden humanitären und ökologischen Folgen führen: Hungersnöte, Seuchen, Vertreibungen und Umweltschäden.

Der Theologe und Ethiker Jürgen Moltmann, der mit seinem bahnbrechenden Werk «Theologie der Hoffnung» bereits im Jahr 1964 Weltruhm erlangte, plädiert in seinen Werken für eine ökologische Ethik, die das Wasser als Geschenk Gottes und als Menschenrecht achtet und die sich gegen jede Form von Wasserkrieg oder Wasserdiktatur wendet. Kriege

Mit kaum einer anderen Ressource lässt sich so viel Geld verdienen wie mit Wasser.

und Genozide sind zwar die barbarischste Art, die Existenz und Würde der Menschen zu vernichten. Doch auch in so genannten Friedenszeiten erweist sich das kostbare Nass als Instrument der Begierde – für global agierende Konzerne. Das schilderte Papst Franziskus in seiner viel beachteten Enzyklika «Laudato Si» des Jahres 2015.

Er schrieb: «*Während die Qualität des verfügbaren Wassers ständig schlechter wird, nimmt an einigen Orten die Tendenz zu, diese knappe Ressource zu privatisieren; so wird sie in Ware verwandelt und den Gesetzen des Marktes unterworfen. (…) In Wirklichkeit ist der Zugang zu sicherem Trinkwasser ein grundlegendes, fundamentales und allgemeines Menschenrecht, weil es für das Überleben der Menschen ausschlaggebend und daher die Bedingung für die Ausübung der anderen Menschenrechte ist. Diese Welt lädt eine schwere soziale Schuld gegenüber den Armen auf sich, die keinen Zugang zum Trinkwasser haben, denn das bedeutet, ihnen das Recht auf Leben zu verweigern, das in ihrer unveräusserlichen Würde verankert ist.*»

Multinationale Konzerne lassen solche Betrachtungen faktisch unberührt. Denn mit kaum einer anderen Ressource lässt sich so viel Geld verdienen wie mit Wasser. So schreibt der Schweizer Konzern Nestlé zwar auf seiner Webseite: «Wasser ist zu 100 Prozent ein Menschenrecht und das ist fest in unseren Unternehmensgrundsätzen verankert.» Die Realität sieht freilich weniger charmant aus, wie die Pariser Rechtsprofessorin Aurore Chaigneau erklärt: «Nestlé Waters stellen sich als Hüter der Ressource Wasser dar. Doch aus rechtlicher Sicht sind sie bloss Nutzer. Halten wir fest, dass sie nur da sind, um abgefülltes Wasser zu verkaufen. Dieses Unternehmen hat nur einen Zweck, nämlich aus der Ausbeutung von Wasser Profit zu schlagen».

Profit schlagen dürfte am Ende auch Israel im zerbombten und entvölkerten Gazastreifen. Denn Israels nationales Wasserunternehmen Mekorot begann bereits 2019 mit dem Bau einer vierten Wasser-Pipeline in den Gazastreifen. Nach Ende des Genozids in Gaza wird Israel demnach nicht nur erneut die lukrative Trinkwasserversorgung übernehmen können – sondern sich von den Überlebenden in Gaza auch noch die Wartung der lebenswichtigen Pipelines versilbern lassen.   ●

Die Quellen zu diesem Text finden Sie hier: zeitpunkt.ch/wasser_waffe

Ob wir heute wohl Wasser haben?

von Nicole Maron*

In den Anden hält der Wassermangel auch dieses Jahr die Bevölkerung in Atem – verstärkt durch das Phänomen «El Niño». Strikte Rationierungen oder fünf Tage ohne einen Tropfen Wasser zu Hause sind hier nichts Aussergewöhnliches. Ein Erfahrungsbericht aus der peruanischen Stadt Cusco, auf 3400 Metern über dem Meer.

Zwanzig nach sechs, der Wecker klingelt. Der erste Gedanke, wie jeden Morgen: Ob wir heute wohl Wasser haben? Der Check im Badezimmer und in der Küche ergibt: Fehlanzeige. Das heisst Eimer schnappen und noch im Halbschlaf die vier Stockwerke zum Innenhof heruntersteigen. Der Wasserdruck ist zwar zu tief, um die oberen Wohnungen zu versorgen, doch der Hahn im Erdgeschoss, den wir mit den Nachbarn teilen, gibt an guten Tagen einiges her. Das morgendliche Fitnesstraining besteht an solchen Tagen darin, drei- bis viermal die Treppen hoch- und runterzugehen, beladen mit je zwei Eimern oder Flaschen.

Der Wasserhahn im Erdgeschoss, den wir mit den Nachbarn teilen, gibt an guten Tagen einiges her.

Schliesslich muss die Ration bis zum nächsten Morgen reichen, denn auch abends will noch das Klo gespült, der Abwasch gemacht und vielleicht mal ein Boden geputzt werden. Vom Wäschewaschen gar nicht zu reden – das geht nur an Tagen, an denen Wasser im Überfluss da ist. Normalerweise dann, wenn es zuvor ausgiebig geregnet hat – und das passiert seit längerem nicht mehr im nötigen Umfang. Das Resultat: Die Lagunen, die die Trinkwasserversorgung der Stadt Cusco mit ihrer halben Million Einwohnern sichern sollen, sind ausgetrocknet.

Die Trockenperiode hatte bereits 2022 zu einer prekären Situation und sogar zur Ausrufung des Notstandes auf lokaler Ebene geführt. Im Juli 2023 schlugen dann auch die nationalen Medien Alarm: Cusco könnte in drei Montan das Wasser ausgehen. Tatsächlich begann das Problem dann «fristgemäss» im Oktober. Wie die Wasserbehörden er-

Im ganzen Land sind mehr als 3,7 Millionen Menschen aufgrund des Wassermangels einem hohen Risiko ausgesetzt.

klärten, sank der Pegel der Lagune Piuray – der wichtigsten Wasserquelle Cuscos – täglich um einen halben Zentimeter.

In dieser Zeit war ich einerseits froh, dass wir es uns leisten konnten, Wasser in 10- oder 20-Literflaschen zu kaufen. Anderseits schämte ich mich auch ein bisschen, täglich mit diesen Riesenbehältern durchs Quartier zu laufen, denn für die meisten unserer Nachbarn ist dies eine Ausgabe, die sie nicht so ohne weiteres stemmen können.

Die Behörden tun nicht das Mindeste. Während wir nun seit Monaten jeden Tag mit der Spannung erwachen, ob wir uns wohl an diesem Tag richtig duschen können – wobei der Wasserdruck auch im Normalzustand so schwach ist, dass die Dusche eher einem Rinnsal gleicht –, kam es bereits im November in tiefer gelegenen Lagen der Region zu so starken Regenfällen, dass Überschwemmungen und Erdrutsche die dortige Bevölkerung in Atem hielten. Die Auswirkungen auf die alltägliche Versorgung sowie die Landwirtschaft waren in beiden Fällen, Dürre und Starkregen, verheerend. Sowohl das eine als auch das andere Extrem, mit denen nicht nur Peru, sondern auch die umliegenden Länder wie Bolivien und Ecuador bereits letztes Jahr zu kämpfen hatten, wird aktuell durch das Auftreten von «El Niño» verstärkt. Dadurch sind im ganzen Land mehr als 3,7 Millionen Menschen aufgrund des Wassermangels einem hohen Risiko ausgesetzt.

Wir haben es hier zwar mit klimatischen Begebenheiten zu tun, die zu beeinflussen zumindest kurzfristig gesehen praktisch unmöglich sind. Den Behörden wird aber vorgeworfen, nicht rechtzeitig gehandelt zu haben, um die Situation in den Griff zu bekommen – zumal der heutige Notstand absehbar war. Und dies betrifft nicht nur die regionalen Stellen, sondern auch die Zentralregierung in Lima.

«Trotz unserer Proteste ist nichts geschehen», betonten lokale Komitees gegenüber den Medien. Die regionale Wasserbehörde dagegen sprach von Strategien zur Rationalisierung des Wassers und von Aufrufen an die Bevölkerung, «diese Situation zu verstehen und Wasser zu sparen». Na, vielen Dank! ●

* Unsere Redaktorin **Nicole Maron** lebt derzeit in Peru, wo sie an einem Buchprojekt arbeitet.

Ein globaler Wasserplan

Zerstörte Wasserkreisläufe führen zu Erderwärmung, Trockenheit und Hochwasser. Praxisbeispiele in verschiedenen Erdteilen zeigen, wie sich diese Dynamik umkehren lässt. *von Elisa Gratias*

Er brachte das Wasser nach Rajasthan zurück:
Rajendra Singh (Bild: Simon du Vinage)

1985 begann der Arzt Rajendra Singh, Dorfgemeinschaften in Rajasthan zu mobilisieren, um «Johads», also traditionelle dezentrale Regenwasser-Auffangsysteme zu bauen. Mittlerweile sind es Zehntausende. Der seltene Niederschlag kann so in den Boden einsickern, anstatt ungenutzt abzufliessen und Schäden zu verursachen. Die durch Misswirtschaft zerstörte Natur kann regenerieren.

So wurde die zuvor prekäre Wasserversorgung von inzwischen 1.500 Dörfern gesichert. Dreizehn ausgetrocknete Wasserläufe führen wieder ganzjährig Wasser. Um sie vor erneuter Ausbeutung durch Regierung und Konzerne zu schützen, gründeten die Dorfbewohner «Flussparlamente».

Wenn in einer ganzen Region das Regenwasser wieder in den Erdkörper einsickern kann und dieser wieder mit Wald bedeckt wird, kann der Regen zurückkehren. Der Erfolg bestärkte Rajendra Singh zur Gründung der «Weltkommission der Völker für Dürre und Über-

Wenn Regenwasser wieder in den Erdkörper einsickern kann, verändern sich die Wettermuster – Wälder wachsen wieder, und der Regen kehrt zurück.

Sie haben die ganze Region verwandelt: Einer von über 10 000 Johads, die Dorfbewohner bauten um das Regenwasser im Land zu halten (Bild: Silvano Rizzi)

schwemmung» (PWCDF). Sie lädt Praktiker aus verschiedenen Weltregionen ein, um von ihrem Beispiel zu lernen und an anderen Orten ebenfalls Graswurzelinitiativen für das Wasser zu starten.

Silvano Rizzi war im November dort. Sein Eindruck: «In Indien verarmen Menschen aufgrund von Wassermangel. Viele ziehen in die Städte,

> *Um Überhitzung, Austrocknung sowie Überschwemmungen zu verhindern, ist massive Regenwasserrückhaltung notwendig.*

um zu überleben. Mit dem Wasser kehren Frieden und Würde zurück.» Ist der indische Ansatz auch auf europäische Verhältnisse anwendbar? Davon ist Rizzi überzeugt, es brauche aber mehr Bewusstsein über die Bedeutung des Wassers: «In unseren westlichen Ländern ist der Wohlstand wohl noch zu gross, um zu erkennen, wie wichtig das Wasser ist. In Indien engagieren sich Zehntausende pro Projekt, weil sie gemerkt haben, dass ihr Leben und das ihrer Familien davon abhängt.»

Auch der slowakische Ingenieur Michal Kravcik konnte mit der Initiative «People for Water» die Wasserkreisläufe einer ganzen Region regenerieren – ebenfalls durch dezentrale Massnahmen, den Abfluss von Regenwasser zu verlangsamen. In seinem «Globalen Aktionsplan für die Restaurierung natürlicher Wasserkreisläufe und des Klimas» heisst es:

«Mit dem Wasser kehren Frieden und Würde zurück.» Silvano Rizzi will die Erfahrung von Rajendra Singh in Europa anwenden (Bild: Silvano Rizzi)

«Durch ein ganzheitliche, dezentrale Systeme der Regenwasserbewirtschaftung werden wir nicht nur Überschwemmungen und Dürren verhindern, sondern auch die biologische Vielfalt stärken, die Bodenfruchtbarkeit und Produktivität erhöhen und das Klima wiederherstellen.»

Die Prinzipien dazu sind weltweit dieselben: Regenwasser soll dort in den Boden versickern können, wo es fällt. ●

Wassermanagement lernen

Vom 2. - 6. Oktober 2024 geben die Permakultur-Lehrer Silvano Rizzi und Ronny Müller in Sulzbrunn einen Kurs für natürliches Wasser-Management. Sie zeigen, Wasser möglichst lang auf dem Land zu halten, es sinnvoll zu verteilen und vielfältig zu nutzen. Dies gilt für Flächen jeglicher Grösse, sogar Balkone.

Veranstalter: **FriedensKultur e.V. - Wasser-Leben-Team**
wasser-leben@permakultur-dreisamtal.de

Weitere Informationen:
https://pwcdf.org/
https://www.permakultur.de/veranstaltung/
wasser-flow-und-retention-im-wasserkreislauf

Elisa Gratias ist Redakteurin der Online-Zeitschrift **Manova**.

«Mni wiconi»
Wasser ist Leben

von Tiokasin Ghosthorse

Mni ist ein Lakota-Wort – kein Begriff im Englischen kommt seiner Bedeutung nahe. Das «M» steht für «das, was alle Dinge miteinander verbindet». «Ni» heisst «leben» – ein Verb, denn Leben ist immer in Bewegung. Das «i» steht für «Stimme»: Wir geben also der lebendigen Beziehung zwischen allem eine Stimme.

Mni ist das «erste Bewusstsein» von Mutter Erde, das blaue Blut, der glänzende Spiegel, in dem sich das Universum erkennt. *Mni* trägt in sich die ganze Schöpfung: Ozeane, Flüsse, Seen, Teiche, Bäche, Ströme, Regen, Wellen, Nässe, Tornados, Regenbögen und die Tränen der Kinder.

Mni ist ein Wesen: eine Schöpferkraft – zusammen mit der Sonne, dem Mond, den Sternen, den Winden, der Erde, dem Feuer und allen empfindungsfähigen Lebewesen.

Mni ist ein Kelch voller Sterne. Wenn du es trinkst, siehst du darin die Reflexionen der Sonne in den Wassern der Erde.

In der modernen Welt bezeichnet man *Mni* als «Rohstoff» («resource») anstatt als Quelle («source») des Lebens. Wenn wir die indigenen Kulturen wieder achten, entdecken wir die «ursprünglichen Instruktionen» wieder, die so lange aus den modernen Erklärungen ausgeklammert wurden.

Mni ist in deinem Atem, deiner Zunge, deinen Fingerspitzen. *Mni* ermöglicht deinen Augen, sich zu bewegen, wenn du träumst. *Mni* macht uns bescheiden in Momenten, in denen wir uns zu wichtig nehmen.

Ich wasche mein Gesicht mit *Mni*, in Dankbarkeit für das Leben. *Mni* ist ein liebendes, sich bewegendes, wachsendes, reinigendes und kraftvolles Lebewesen. Ich bitte um Erlaubnis, bevor ich *Mni* trinke – diese Flüssigkeit voller Sterne –, und bete, dass alle von Leben erfüllt werden, statt einsam in einer anthropozentrischen Welt zu leben. ●

Der Text stammt von **Tiokasin Ghosthorse**, einem Sprachwissenschaftler und Angehörigen der Cheyenne River Lakota Nation. Er bezieht sich auf den viel gehörten Slogan *Mni wiconi* der legendären Pipeline-Besetzung von Standing Rock von 2016, wo 30.000 Indigene aus aller Welt zusammenkamen.

Aus: **Defend the Sacred, Verlag Meiga.** ISBN 978-3-927266-65-0

Blindflug im Wasserschloss

Die Schweiz weiss nicht, wer wieviel Wasser verbraucht und wofür. Und so verschmutzen wir Trinkwasser, als wäre es eine unendliche Ressource.

Gespräch mit Franziska Herren,
Initiantin der Trinkwasser- und der Ernährungsinitiative.

Zeitpunkt: *In der Schweiz gilt die Qualität des Trinkwassers als gut.*
Franziska Herren: Die Schweiz als «Wasserschloss Europas» hat zwar einen guten Ruf, was das Wasser angeht. Doch eine Million Einwohner trinken Wasser, dessen Pestizidgehalt über dem Grenzwert liegt. Zudem werden immer mehr Grundwasserfassungen wegen Verschmutzung – vor allem durch die Landwirtschaft – geschlossen, anstatt das Gewässerschutzgesetz konsequent anzuwenden. Unser Umgang mit Abwasser ist ein Auslaufmodell. So hat die EAWAG, das Wasserinstitut der ETH, im letzten Jahr erstmals anerkannt, dass es Handlungsbedarf gibt bei der Sammlung und Reinigung des Abwassers – ein Meilenstein.

Was sind die Gründe für die Misere?
Wir hatten in den letzten Jahren regenarme Sommer. Im Winter gab es weniger Schnee und somit weniger Schmelzwasser. Dadurch hat der Druck auf die Wasserressourcen zugenommen. Auf Knappheit sind wir nicht vorbereitet. Während wir für die Energie, den Verkehr und die Kommunikation nationale Planungen und Strategien haben, gibt es so etwas für die Wasserversorgung nicht. Bund und Kantone wissen nicht, wie viel Wasser wir tatsächlich haben und wie viel wofür verwendet wird. Die Schweiz ist also mit ihrer Wasserversorgung im Blindflug. Das alles gefährdet die Versorgung mit unserem wichtigsten Lebensmittel.

Gibt es in der Landwirtschaft einen Kampf ums Wasser?
Die Landwirtschaft fordert immer mehr Wasser, anstatt Wasser effizienter zu nutzen, z.B. Kulturen anzubauen, die resistenter gegen Trockenheit sind. Auch beansprucht die Produktion tierischer Lebensmittel besonders viel Wasser. Effizienter wäre der Anbau von mehr pflanzlichen Lebensmitteln, wie zum Beispiel Hülsenfrüchte. Wenn die Bäche zu wenig

Wasser führen, nehmen die Landwirte Grundwasser – unsere wichtigste Trinkwasserressource. Das kann es nicht sein. Doch der Verband der Schweizer Gas- und Wasserwerke, der für die Versorgung mit Trinkwasser verantwortlich ist, kümmert sich wenig. Das ist bei einem derart wichtigen Gut brandgefährlich.

Was sind die wichtigsten Quellen der Verschmutzung des Grund- und Trinkwassers?
Eindeutig die Landwirtschaft mit Pestiziden und Gülle, aus der Ammoniak, Nitrat und Phosphor in die Gewässer gelangen. Chemikalien im Wasser stammen aber auch aus Abwasserreinigungsanlagen und aus dem erhöhten Verbrauch an Medikamenten. Es ist unbedingt notwendig, dass wir unsere Toiletten vom Wasserkreislauf abkoppeln.

Wie?
Eine Mustersiedlung in Hamburg zeigt, wie es geht: Die Wohnungen haben Vakuum-Toiletten, die pro Gang nur einen Liter Wasser verbrauchen anstatt die bei herkömmlichen Toiletten üblichen 9 bis 14 Liter. Das abgeführte Material geht in eine Biogasanlage, die die Siedlung mit Strom und Wärme versorgt. Das Abwasser aus Bad und Küche wird gereinigt und kann für die Gartenbewässerung eingesetzt werden.

Das bedingt allerdings riesige Investitionen.
Es darf einfach nicht mehr sein, dass wir mit unseren Ausscheidungen unser Trinkwasser verschmutzen! Wir müssen bessere Lösungen finanzieren, sonst werden wir von den Problemen eingeholt. Auf Dauer sind die Kosten von Wasserverschwendung und -verschmutzung wesentlich höher als die Investitionen in die Umstellung.

Die Trinkwasser-Initiative stand zu Beginn des Abstimmungskampfes gut da, wurde aber in einem dramatischen Finish im Juni 2021 deutlich abgelehnt. Wie erklären Sie sich diesen Stimmungswandel?
Der Bauernverband hat im Abstimmungskampf behauptet, ohne Pestizide könne die Landwirtschaft nicht genug Lebensmittel herstellen, und dann müssten wir mehr importieren. Tatsache ist aber, dass der heutige Einsatz von Pestiziden eine gute, gesunde Trinkwasserversorgung in der Schweiz unmöglich macht. Zudem zerstören Ackergifte Biodiversität und Bodenfruchtbarkeit – die Grundlagen für unsere Lebensmittel. Wenn Wasserknappheit und -verschmutzung noch deutlicher werden, dürfte die Bevölkerung sauberem Wasser einen höheren Stellenwert geben.

Sie verfolgen mit der aktuellen Initiative für eine sichere Ernährung ähnliche Ziele, aber mit neuem Schwerpunkt. Worum geht es?
Um sichere Ernährung als Ganzes. Da ist genügend sauberes Trinkwasser natürlich entscheidend. Es geht um den Schutz des Grundwassers, der Biodiversität sowie der Bodenfruchtbarkeit und um das Anstreben eines Selbstversorgungsgrades bei Nahrungsmitteln von 70% (heute knapp 50%). Dafür soll die Land- und Ernährungswirtschaft vermehrt auf die Produktion und den Konsum von pflanzlichen Lebensmittel ausgerichtet und entsprechend gefördert werden. Von gesamthaft 2.8 Milliarden Subventionen gehen heute 82% in die Förderung von Produktion und Konsum von tierischen Lebensmitteln; nur 18% fördern pflanzliche Lebensmittel. Auf 60% unserer Ackerflächen wird durch diesen Betrag der Anbau von Futtermitteln gefördert – obschon mit dem Anbau von Hülsenfrüchten, Gemüse, Getreide die Landwirtschaft auf diesen Flächen das Zehnfache an Kalorien für uns Menschen produzieren könnte. Wegen des Futtermittelanbaus ist unsere Versorgung mit Lebensmitteln zu 50% vom Ausland abhängig. Hingegen eignen sich die Wiesen und Weiden für die graslandbasierende Fleisch- und Milchproduktion. Gleichzeitig strebt die Initiative auch eine Reduktion des Foodwaste an: Allein durch Halbierung der Verschwendung von Lebensmitteln könnten wir den Selbstversorgungsgrad auf 58% erhöhen.

Wie ist der Stand der Unterschriftensammlung?
Wir sind bei 56 000 (Stand Ende Januar). Nun unterstützen uns Greenpeace und pro natura, indem sie ihren Zeitschriften demnächst den Unterschriftenbogen beilegen.

Seit der Bekämpfung des CO_2 kommen andere Umweltziele wie der Schutz der Tier- und Pflanzenwelt oder die Bewahrung der Landschaften zu kurz. Die neuen Umweltorganisationen bringen vielleicht ein Referendum zustande, aber keine Abstimmung gegen den Mainstream. Wie könnte eine bessere Zusammenarbeit aussehen?
Es braucht einen gemeinsamen Fokus, der für alle stimmt. Ich hoffe, dass wir mit unseren Anliegen viele kleine Organisationen gewinnen können. Denn zusammen könnten wir Grosses erreichen. Die Industrie und die Bauernschaft auf der anderen Seite sind sehr gut organisiert. Ihre Strukturen wurden über Jahrzehnte aufgebaut und bestens finanziert.

Bei der Initiative «Für eine sichere Ernährung» haben Sie es abermals mit diesen gut aufgestellten Gegnern zu tun. Wie lässt sich die Abstimmung dieses Mal gewinnen?
Mit Weitermachen und Dranbleiben. Dass heute in Restaurants nicht mehr geraucht werden darf, verdanken wir Menschen, die hartnäckig blieben und sich von grossen Gegnern nicht entmutigen liessen.

Der Bauernverband wird die Initiative wohl wieder bekämpfen.
Wenn er überlegt handelt, sollte er dies nicht tun. Die Erhöhung des Selbstversorgungsgrades stärkt ja den Bauernstand, denn sie sorgt für Produktionssicherheit und Einkommen.

Dazu dürften wir aber nicht mehr so viel Fleisch essen.
Das ist nicht nur für unsere Ernährungssicherheit, sondern auch für die Umwelt, das Klima, das Tierwohl und gemäss Bundesamt für Umwelt auch für unsere Gesundheit unumgänglich. Es gibt viele echte Superfoods aus Pflanzen für einen genussvollen Umstieg in eine «flexitarische» Ernährung. Man sollte nicht vergessen, dass das Fleischgeschäft mit Lebewesen betrieben wird und von Antibiotika abhängig ist. Wenn wir das zurückfahren, profitieren wir vierfach: gesundheitlich, finanziell und in Bezug auf die Umwelt und unsere Versorgungssicherheit. ●
Das Gespräch führte Christoph Pfluger

Der Zeitpunkt unterstützt die Volksinitiative für eine sichere Ernährung und legt dieser Ausgabe einen Unterschriftenbogen bei. Weitere Informationen und Unterschriftenbögen sind zu finden unter: **www.ernaehrungsinitiative.ch**

Franziska Herren aus Wiedlisbach (BE) hat 2014 mit der kantonalen Volksinitiative «Mühleberg vom Netz» als Privatfrau das politische Parkett mit einem starken Auftritt betreten und dann mit der Trinkwasser-Initiative auf eidgenössischer Ebene einen Achtungserfolg erzielt.

NEW EARTH EXPO 2024
for a better world

*...und das fängt bei mir,
bei dir, bei uns an!*

**Tickets
können
bereits gebucht
werden!**

NEW EARTH EXPO
18.-21. April 2024 - CH 6330 Cham
Lorzensaal und 4 weitere Standorte

Programm
60 Aussteller, 30 Gastreferenten, 80 Vorträge, Workshops
Visionsschmiede, WirkKreis, Projekt-Präsentationen, Podien
Vernetzungsplattform, Art Im-Puls Kunst-Projekt, Open Forum
Programm für Kinder & Jugendliche, Eröffnungs-Event u.v.m

Gastreferenten:
Gopal, Franziska Herren, Pablo Hess, Eric Standop
Dr. Jochen Handel, mr.broccoli, Christoph Pfluger, Dr. Iris Kunze
Maggy Gschnitzer, Daniel Hess , Catharina Roland, Barbara Küchler
Christine Dürschner, Prof. Dr. Max Moser, Janine Landwing u.v.m

EXPO-Themen:
Souveränität der Menschen
Politik und Gesellschaft - Vernetzungsplattformen
Kunst und Kreativität -Neue Formen des Zusammenlebens
Nachhaltigkeit und Umweltschutz - Gesundheit und Wohlbefinden

Öffnungszeiten:

Do, 18. April	Fr, 19. April	Sa, 20. April	So, 21. April
Expo Eröffnung	Expo 14-20 Uhr	Expo 10-20 Uhr	Expo 10-18 Uhr
15-22 Uhr	Events 14-20 Uhr	Events 09-20 Uhr	Events 09-18Uhr

Eintritt ab 38.- CHF   www.new-earth-expo.ch

Japan leitet radioaktives Fukushima-Wasser in den Ozean ein

Das japanische Unternehmen Tokyo Electric Power (TEPCO) plant bis zum 31. März 2025, insgesamt 54,6 Tonnen radioaktives Abwasser aus seinem lahmgelegten Kernkraftwerk Fukushima abzuleiten, teilte die Nachrichtenagentur Kyodo mit.

Im März 2011 zerstörte ein Tsunami die Strom- und Kühlanlagen im Kernkraftwerk Fukushima, was zu einer Kernschmelze in drei Reaktoren und der Freisetzung grosser Mengen radioaktiven Materials führte. Bislang wurden das Werk und die umliegenden Bereiche nahezu vollständig saniert. Allerdings strömt das Wasser, das ständig in die zerstörten Reaktoren geschüttet wird, um Kernbrennstofffragmente abzukühlen, durch mit radioaktiven Partikeln stark kontaminierte Lücken wieder heraus.

Derzeit befinden sich im Kernkraftwerk über 1,34 Mio. Tonnen auf diese Weise radioaktiv belastetes Wasser. Die japanische Regierung beschloss, dieses Wasser schrittweise aufzubereiten und dann ins Meer einzuleiten. Durch das Advanced Liquid Processing System (ALPS) aufbereitet und ebenfalls mit Meerwasser verdünnt, enthält es aber immer noch radioaktives Tritium, das nicht entfernt werden kann. Messungen bestätigen, dass das aufbereitete Wasser die maximal zulässige Tritiumkonzentration von 1.500 Becquerel pro Liter erfüllt.

Der Prozess wird voraussichtlich 30 bis 40 Jahre dauern und wird Spannungen, u.a. mit China verursachen. Dennoch wurde er von der Internationalen Atomenergiebehörde (IAEA) genehmigt.

Trinkwasser in der Schweiz

Die rund 2500 Schweizer Wasserversorger liefern jährlich gut eine Milliarde Kubikmeter Wasser an ihre Kunden. Das sind eine Billion Liter, was knapp zwei Prozent der jährlichen Niederschlagsmenge auf dem Gebiet der Schweiz entspricht. Unser Trinkwasser besteht durchschnittlich aus 18 Prozent See-, 40 Prozent Quell- und 42 Prozent Grundwasser. Die Zusammensetzung variiert je nach Region und von Jahr zu Jahr. Wo es noch gesunde Böden gibt, ist das Grundwasser meistens so sauber, dass es unbehandelt ins Trinkwasserleitungsnetz eingespeist werden kann. Lediglich die Feinstoffe (inklusive Grundwassertiere) werden herausfiltriert; eine weitere Aufbereitung ist nicht nötig. Von den Reservoiren führt ein weitverzweigtes, 55.000 Kilometer langes Leitungsnetz zu den einzelnen Haushalten. Dort werden pro Tag und Person durchschnittlich 142 Liter verbraucht. Der grösste Wasserschlucker im Haushalt ist die Toilettenspülung mit über 40 Litern pro Tag und Person; Duschen und Baden folgen mit 36 Litern an zweiter Stelle. ●

Putzmannschaft im Untergrund

Auch das Grundwasser stellt ein wichtiges Ökosystem dar. Doch über die Biodiversität im Untergrund ist bisher wenig bekannt. Das soll sich nun ändern. *von Andreas Krebs*

Die Schweiz ist reich an Grundwasser. Als grösstes Trinkwasser-Reservoir des Landes durchdringt es unterirdische Höhlen, Ritzen und Spalten. Dunkel ist es hier, kein Lichtstrahl erhellt dieses Reich, wo auch Nährstoffe und Sauerstoff rar sind. Und doch hat sich eine vielfältige Lebensgemeinschaft auf dieses Habitat, das Stygal, spezialisiert: die Stygobionten – benannt nach Styx, dem Fluss der Unterwelt, der in der griechischen Mythologie die Grenze zwischen der Welt der Lebenden und dem Totenreich Hades bildet. Winzig sind diese Grundwassertiere, bleich und blind, weil das Licht fehlt. Die skurrilen Wesen halten die Poren des Grundwasserleiters offen und fördern so die Selbstreinigungskraft des Wassers. Es ist deshalb wichtig, den Lebensraum Stygal und seine Bewohner zu schützen. Doch dazu braucht es mehr Kenntnisse über das Leben im Untergrund.

Florian Altermatt, Professor für Aquatische Ökologie an der Universität Zürich und Mitglied der Direktion des Wasserforschungsinstituts Eawag, hat sich zusammen mit seinem Team der Aufgabe angenommen, erstmals schweizweit die Fauna der Unterwelt zu erforschen.

Eines der Ziele des Projektes ist es, Grundlagen zu etablieren, um das Vorhandensein von Flohkrebsen und Co. als mögliche Indikatoren für die Qualität des Grundwassers zu nutzen. Ähnlich wie es bei Oberflächengewässern längst Standard ist («Biomonitoring»).

In Europa sind mindestens 2000 echte im Grundwasser lebende Arten bekannt. Weltweit, schätzen Experten, gibt es 50000 bis 100000. Stygobionten sind perfekt an ihren Lebensraum angepasst. Ihr Stoffwechsel ist so langsam, dass sie bis zu 15 Jahre alt werden – für Wirbellose ein biblisches Alter. Während ihre Verwandten an der Erdoberfläche verschwenderisch viel Nachwuchs zeugen, legen Grundwassertiere meist nur ein bis drei Eier. Für mehr Individuen bietet das Stygal keine Nahrung. Man unterscheidet zwei Typen: Tiere, die im Sedimentgrund-

Bild: Eawag

wasser leben, und Tiere, die in Höhlen leben. Erstere haben im Vergleich zu den echten Höhlentieren, den sogenannten Troglobionten, einen eher lang gestreckten Körper und kürzere Beine. Schlängelnd bewegen sie sich durch die engen Lücken und Poren des Sediments und fressen dabei, was ihnen in die Quere kommt. Sogar Lehm und Papier hat man in ihrem Darm schon gefunden. Fadenwürmer fressen sich durch engste Ritzen – und fallen selber räuberischen Flohkrebsen, Hüpferlingen und Milben (Acari) zum Opfer. Mikrocrustaceen, winzige Krebse, sind hinsichtlich der Artenvielfalt wohl die bedeutendste Tiergruppe im Grundwasser. Es gibt Muschel-, Ruderfuss-, Brunnen-, Höhlenfloh- und hunderte andere Krebse.

Die Stygobionten sorgen so für etwas, das man mit keinem Geld der Welt ersetzen kann: für die neben Luft und Liebe wichtigste Ressource, nämlich sauberes Wasser. ●

Schweiz: Gesegnet mit Grundwasser

Grundwasser ist ein zusammenhängender Wasserkörper, der die Klüfte, Spalten und Porenräume von Sedimenten füllt. Der Schweizer Untergrund speichert geschätzte 150 Milliarden Kubikmeter Grundwasser. Das entspricht ungefähr dem Volumen aller Schweizer Seen. Wäre die gesamte Grundwassermenge gleichmässig auf der plan gedachten Landesfläche verteilt, stünde die Schweiz 3,5 Meter unter Wasser.

UN-Weltwassertag 2024

Unter dem Motto «Water for Peace» findet am 22. März der diesjährige Weltwassertag statt. Im Fokus steht die Bedeutung des Zugangs zu Wasser für Frieden. Etwa 3 Milliarden Menschen sind heute abhängig von Wasser, das Landesgrenzen überfliesst. Allerdings gibt es nur 24 zwischenstaatliche Vereinbarungen über die gemeinsame Nutzung von grenzüberschreitendem Wasser – gerade in Zeiten von erhöhtem Wasserverbrauch und unsicher werdendem Nachfluss wird dies von der UN als wesentlich erachtet.

Das saure Sterben der Ozeane

von Marita Vollborn und Vlad Georgescu

Sie regulieren das Klima, speichern Kohlenstoff, liefern Nahrung und bieten Lebensraum für eine Vielzahl von Organismen – doch jetzt sind die Ozeane in Gefahr: Übersäuerung bedroht eine unserer Lebensgrundlagen.

Die Verbrennung von fossilen Brennstoffen wie Kohle, Gas und Öl erhöht den Gehalt an Kohlendioxid (CO_2) in der Atmosphäre. Ein Teil dieses Treibhausgases wird von den Ozeanen aufgenommen, vor allem in den kälteren Regionen. Das hat gravierende Folgen für das marine Ökosystem: Zum einen steigt die Temperatur des Meerwassers an, was zu einem Anstieg des Meeresspiegels, einer Veränderung der Meeresströmungen und einem Verlust von Eisflächen führt. Zum anderen sinkt der pH-Wert des Meerwassers ab, was eine Versauerung der Ozeane nach sich zieht. Die Kalkbildung von Korallen, Muscheln, Schnecken und anderen Organismen wird dadurch massiv gestört – oder sie kollabiert gar.

Wer verstehen will, wie es um den Zustand unserer Meere wirklich steht, muss sein eigenes Schulwissen bemühen – und aus den Untiefen der Vergangenheit den Chemiestoff der siebten oder achten Klasse hervorholen. Vor allem eine chemische Gleichung bildet das Dilemma der Ozeane ab.

Kohlendioxid (CO_2) löst sich im Meerwasser (H_2O) und bildet Kohlensäure (H_2CO_3), die den pH-Wert des Wassers senkt. Die chemische Formel für diese Übersäuerung der Ozeane lautet schlicht $CO_2 + H_2O = H_2CO_3$. Diese Kohlensäure ist eine schwache Säure. Normalerweise wäre das eine gute Nachricht. Denn trifft die Substanz etwa auf menschliche Haut, passiert im Grunde so gut wie nichts. Weder verspüren wir Schmerz, noch kommt es zu Verätzungen, wie sie starke Säuren wie Salz- oder Schwefelsäure hervorrufen würden. Doch den Ozeanen und den darin lebenden Organismen bringt diese schwache Säure den Tod.

Grund hierfür ist ein Prozess, den Chemiker als Dissoziation bezeichnen. Vereinfacht ausgedrückt, zerfällt das Kohlensäuremolekül in zwei Bestandteile. Eins davon sind Wasserstoffionen ($H+$), und die haben verheerende Folgen für maritime Ökosysteme. Denn genau diese Erhöhung der Wasserstoffionen-Konzentration führt zu einer Übersäuerung

Menschlicher Haut schadet Kohlensäure nicht. Den Ozeanen aber bringt sie den Tod.

der Ozeane. Was zu viel Säure anrichtet, kennt man aus dem Alltag: Zum Beseitigen von Kalkablagerungen in Bad und Küche etwa setzt man Mittel ein, die Säuren enthalten. Was zu Hause praktisch ist, erweist sich im Meer als Desaster.

Die Übersäuerung beendet nämlich das fragile Gleichgewicht und löst die Kalkschalen vieler mariner Organismen auf. Korallen, Muscheln oder Schnecken verenden, von der Öffentlichkeit unbeachtet, in den Tiefen der Ozeane. Auch Plankton überlebt die chemische Änderung nicht.

Seit 1982 ist der Säuregehalt der globalen Ozeane um 18 Prozent gestiegen. Über die bereits beschriebenen Wirkungen hinaus verringert die zunehmende Versauerung auch den sogenannten Sättigungsgrad von Karbonatmineralien im Wasser, die für den Aufbau der Kalkstrukturen von Meeresbewohnern notwendig sind. Dadurch werden die Organismen anfälliger für Schäden und können sich schlechter vermehren oder wachsen.

Hinzu kommt noch ein weiterer Effekt: Die Versauerung beeinflusst ganze Nahrungsketten und Ökosysteme im Meer, indem sie die Artenvielfalt und die Biomasse reduziert. Und genau das tangiert letztendlich den Menschen: Weniger marine Biomasse bedeutet weniger Fische – und somit immer weniger Nahrung für Regionen, in denen Fischerei eine Lebensgrundlage der Menschen darstellt. ●

Die Übersäuerung der Ozeane und ihre Folgen

• Der Rückgang der Korallenriffe, die als Lebensraum und Schutz für viele Fischarten dienen, sowie als Küstenschutz vor Erosion und Sturmfluten.

• Die Abnahme der Muschel- und Austernproduktion, die eine wichtige Nahrungsquelle und Einkommensmöglichkeit für viele Küstenbewohner darstellt.

• Die Veränderung des Verhaltens und der Sinneswahrnehmung von Fischen und anderen Meerestieren, die ihre Überlebenschancen und somit ihre Rolle in den Nahrungsnetzen beeinträchtigt

• Die Verringerung der Fähigkeit des Ozeans, CO_2 zu speichern, was zu einer weiteren Beschleunigung des Klimawandels führt.

Welche Ausmasse dieser unheilvolle Kreislauf mittlerweile angenommen hat, erkennt man anhand einer Zahl: Zwischen 1994 und 2007 haben die Weltmeere insgesamt etwa 34 Gigatonnen Kohlenstoff aus der Atmosphäre aufgenommen. Das entspricht fast einem Drittel der menschengemachten CO_2-Emissionen in diesem Zeitraum. Forscher schätzen, dass sich die CO_2-Aufnahmekapazität der Ozeane bis zum Jahr 2100 um etwa 20 Prozent verringern wird. Spätestens dann ist wohl der lebensvernichtende Kohlensäure-Maximalgehalt der Meere erreicht.

«Bauern sind Sklaven auf dem eigenen Hof»

Der bekannte österreichische Bergbauer Sepp Holzer über die Bauernproteste in Deutschland und was Landwirte heute anders machen sollten.

Interview von Christa Dregger
Bilder: Marcus Auer

Zeitpunkt: Herr Holzer, der Titel Ihres neuen Buches «Agrarrebellion jetzt» könnte nicht besser zur aktuellen Situation passen. Was denken Sie zu den Bauernprotesten in Deutschland?
Sepp Holzer: Die Bauern kommen mit ihrem Protest viel zu spät. Sie haben sich von der Industrie vereinnahmen lassen und sind Arbeitssklaven auf ihrem eigenen Betrieb geworden. Sie lassen sich von den Behörden, den Genossenschaften und Konzernen vorschreiben, wann und wieviel sie liefern sollen, was sie düngen. Sie haben Angst, dass man ihnen sonst die Subvention streicht. Eine Subvention ist aber keine Förderung. Das ist eine teilweise Schadensabgeltung einer verfehlten Agrarpolitik. Und dieses geschenkte Geld hat die Bauern süchtig gemacht. So wurden Bauern, die ja früher verantwortungsvoll mit der Natur umgegangen sind, zu Naturzerstörern, Vergiftern, Tierquälern. Was ich alleine heute in der Massentierhaltung sehe, ist haarsträubend, auch in einigen Biobetrieben.

Bauern müssen wieder lernen, mit ihrem Grund und Boden verantwortlich umzugehen.

Der Verwaltungsapparat ist eine Katastrophe, die Auflagen sind Schikanen! Das ist für Bauern so kompliziert, dass sie es nicht mehr selbst machen können und von Beratern abhängig werden. Sie sollen sich verschulden und sündhaft teure Maschinen anschaffen – die dann auch noch den Boden und die Fruchtbarkeit zerstören. Bauern gehen auch deshalb pleite, weil sie kein Gefühl mehr für die Natur haben – und dann geht die Natur eben auch nicht mit ihnen, sondern gegen sie.

Viele Bauern hören auf, denn die Produktion rechnet sich nicht mehr. Verdienen tun nur noch Grossgrundbesitzer und Industrie. Die Kinder der Bauern wollen den Leidensweg der Eltern nicht mehr weitergehen und ziehen in die Stadt. Darum verkümmern die Höfe. Seit dem Beitritt zur EU haben in Österreich 250 000 Bauern aufgegeben. Bei uns kaufen

Auf der Alm wächst mehr als Gras: Mischkulturen auf allen Höhenlagen des Bergbauernhofs.

Banker Ländereien ganzer Dörfer auf. Warum lassen die Bauern das so lange mit sich machen?

Was können sie denn tun?
Bauern müssen wieder lernen, mit ihrem Grund und Boden verantwortlich umzugehen. Die Grosseltern oder Urgrosseltern haben das vielleicht noch gekonnt. Doch die Industrie hat die Bauern dazu gebracht, ganz anders vorzugehen: Der Boden wird planiert, alles soll auf einer Ebene sein, alle Sträucher und Steine weg, das Wasser wird abgeleitet, das Saatgut kommt von der Genossenschaft. Bauern wurden hinterwäldlerisch genannt, wenn sie dabei nicht mitmachen.

Wir haben in unserem Buch beschrieben, wie man vorgehen muss, damit man bei der Arbeit Freude hat: neugierig sein, vieles ausprobieren und dabei herausfinden, was auf meinen Boden am besten passt. Mit der Natur kommunizieren, sich in dieses Gegenüber hineinversetzen – dann verstehe ich, was es braucht. Wenn ich mit der Natur kommuniziere, dann spüre ich, wie es Boden, Pflanzen und Tieren geht. Da muss ich mir von sogenannten Experten nichts sagen lassen.

Wenn ich mit der Natur kommuniziere, muss ich mir von Experten nichts sagen lassen.

Inzwischen ändert sich das Klima. Im Sommer wird es trockener, und wenn es dann doch einmal regnet, gibt es gleich Überschwemmungen. Die Last am Klimawandel tragen die Bauern.

Aber warum ändert sich das Klima? Wegen der falschen Bewirtschaftung! Wasser ist das Allerwichtigste! Das grösste Problem ist, dass man es, wo es auftritt, sofort kanalisiert, drainagiert und ableitet. Quellen versiegen, das Wasser wird weniger, gleichzeitig gibt es jedes Jahr Überschwemmungen. Was muss denn noch passieren, dass der Mensch kapiert, dass er der Verursacher ist? Dagegen kann man nämlich was tun: das Wasser auf dem Land halten, nicht abführen! Das hat man vor über hundert Jahren schon gemacht, durch Teiche und Gräben. Heute hat man dazu ja sogar viel mehr technische Möglichkeiten: Jetzt kann man grossflächig in den verschiedenen Zonen Retentionsbecken anlegen – so viele wie notwendig sind, damit der Boden das Regenwasser aufnehmen kann. Falls es dann im Sommer nicht mehr regnet, ist noch genug Feuchtigkeit für das Pflanzenwachstum vorhanden. Denn ich mache die Teiche anhand der Höhenlinien so, dass das Wasser in trockenen Zeiten zwar sinkt, aber nie ganz leer wird. Heute haben wir auf dem Krameterhof ein verbundenes System mit 30, ja inzwischen 40 Teichen. Das bringt Wachstum und Vielfalt, ein regelrechtes Paradies.

Der Krameterhof aus der Luft: *30 Teiche und Wasserläufe lassen auf 400 Meter Höhenunterschied eine grosse Vielfalt gedeihen.*

Sie haben oben auf dem Berg, wo ansonsten Almen sind, all diese Teiche angelegt – wo kommt das Wasser denn her?

Das Wasser kommt vom Himmel! Das Niederschlagswasser muss in den Boden einsickern können. Die Teiche sind alle ohne Folie oder Beton. Durch die Feuchtigkeit entwickelt sich das Bodenleben und Humus. Und je mehr Humus ich habe, desto grösser ist die Speicherwirkung. Dann rauscht kein Regen mehr ins Tal, spült mir den Boden aus und wäscht die Nährstoffe weg.

Die Natur ist meine Förderung. Wenn ich so wirtschafte, wird die Natur für mich arbeiten.

Die Bauern haben aber gelernt, immer nur zu fragen: Wie kann ich in kürzester Zeit am meisten herausholen an Mais oder Weizen oder was auch immer. Dann streuen sie Kunstdünger, und die machen das Bodenleben kaputt. Dann wird der Boden hart und fest, das Wasser kann nicht mehr einsickern. Der wenige verbleibende Humus wird weggeschwemmt und landet auf den Strassen und Bächen, dann werden die Flüsse braun und der Boden verarmt. Das sieht man bei jedem Regen. Wie kann man so blöd sein, dass man das nicht kapiert! Die Bauern haben vergessen, dass sie das ändern können.

Jetzt nochmal: Was können sie also tun?

Die Bauern müssten anfangen, die Flächen zu renaturieren, die sie kaputtgemacht haben, und stattdessen Retentionsbecken aufbauen. Damit können sie die Vielfalt fördern, egal ob bei der Tierhaltung oder

Ob Äcker Wiesen oder Obst: Humus und ein vitales Bodenleben sind das Geheimnis der Fruchtbarkeit.

Schweine sind nicht nur zum Fressen da: Auf dem Krameterhof arbeiten sie mit, indem sie den Boden durchwühlen.

beim Anbau von Getreide, Kräutern oder Gemüse. Oder sie entscheiden sich für einen essbaren Wald, leicht bewirtschaftbar …

Dafür kriegt aber niemand eine Förderung.
Ich brauche keine. Die Natur ist meine Förderung. Wenn ich es so bewirtschafte, wird die Natur für mich arbeiten. Die Vielfalt arbeitet Tag und Nacht für mich. Schauen, beobachten, lesen in der Natur – lernen, wie es einfacher geht. ●

Sepp Holzer, heute 82, übernahm mit 19 Jahren den auf 1100 bis 1500 M. ü. M. gelegenen elterlichen Bergbauernhof im Lungau; die Region ist auch als Kälteloch oder «Sibirien Österreichs» bekannt. Der junge und streitbare Bauer begann mit seiner Frau Veronika in den 60er-Jahren ganz intuitiv etwas, was viel später als «Permakultur» weltbekannt werden sollte: eine ganzheitliche Mischkultur, ein Biotop aus verflochtenen Symbiosen. Er las «im Buch der Natur», wie er nicht müde wird zu erklären, und fand heraus, dass auch unter widrigen Umständen ohne Kunstdünger und Pestizide ein sehr gutes Auskommen zu erzielen war. Seen und Teiche auf Berghängen, Mischwälder statt Fichtenwüsten, üppige Ernten von Obst, Kräutern und Gemüse, artgerecht gehaltene, tatsächlich glücklich wirkende Nutztiere.

Vertreter von Landwirtschaftskammern und Behörden jagte Holzer manchmal vom Hof; er wollte sich nicht dreinreden lassen. Der Erfolg gab ihm recht: Der inzwischen von Sohn Josef übernommene Krameterhof ist ein Beispiel für Fülle und zieht an den Wochenenden Hunderte Interessierte an. Nun schrieben Sepp und Josef Holzer zusammen ein neues Buch: «Agrarrebellion jetzt».

Die Nützlinge

Isabel und Martin Andermatt betreiben erfolgreichen Pflanzen-schutz: Sie bekämpfen keine Schädlinge, sondern züchten Nütz-linge. Und das seit 35 Jahren. *von Samia Guemei*

Wer seinen Garten biologisch bewirtschaftet, kommt um «Andermatt» nicht herum. Schädlinge bekämpft man natürlich mit Nützlingen aus den Laboren des Biopioniers. Zum Beispiel mit Nematoden – das sind mikroskopisch kleine Würmchen. Die machen den weissen, fetten Dickmaulrüssler-Larven den Garaus, den Allesfressern im Garten.

Doch die Andermatt Group produziert nicht nur für den heimischen Kleingärtner. Das KMU mit 500 Mitarbeitern ist global aufgestellt und mit 25 Tochterfirmen auf fast allen Kontinenten tätig.

Angefangen hat alles vor 35 Jahren in einer Studentenwohnung im zürcherischen Oberglatt. Isabel, angehende Tierärztin, und Martin Andermatt, angehender Agronom, wohnten nicht nur zusammen, sie besassen auch ein paar Apfelbäume. Und wo Äpfel sind, da sind die Raupen des Apfelwickler-Schmetterlings nicht weit. Die beiden wollten aber partout nicht zur Chemie greifen. Nolens volens entwickelten sie gemeinsam das biologische Pflanzenschutzmittel «Madex», ein Insektizid auf der Basis von Granuloseviren. 1988 gründete das Ehepaar dann im luzernischen Grossdietwil die Andermatt AG.

«Madex ist immer noch ein wichtiges Produkt», sagt Ralph Schwarz, Geschäftsführer der Andermatt Biogarten AG, eine der Firmen in der

Zwei Drittel unserer Kunden sind konventionelle Betriebe.

Andermatt Gruppe. Madex und die anderen biologischen Pflanzenschutzprodukte aus dem Haus Andermatt werden jedoch nicht etwa nur von Biobauern benutzt. Schwarz: «Zwei Drittel unserer Kunden sind konventionelle Betriebe.» Diese griffen gerne zu biologischen Pflanzenschutzmitteln, wenn sie mit den herkömmlichen nicht mehr gegen resistente Schädlinge ankommen.

Wie gross der Marktanteil an den Pflanzenschutzmitteln in der Schweiz ist, möchte Schwarz nicht verraten. Nur so viel: Alle Grossverteiler und Gartencenter vertreiben Andermatt Biogarten-Produkte. Manchmal unter dem Markennamen, manchmal unter dem Namen des Vertreibers. Dabei ist besonders kurios, dass sogar in so mancher Packung, die auf den ersten Blick einen konventionell-chemischen Inhalt zu haben scheint, «Andermatt» stecken könnte. Ralph Schwarz: «Manche Kunden vertrauen eben dem Herkömmlichen mehr.» Natürlich möchte er nicht verraten, um welche Produkte es sich handelt.

Die Mitarbeiterinnen und Mitarbeiter sind Mitbesitzer der Firma.

Unkonventionell sind nicht nur die Produkte, die die Andermatt Group herstellt, unkonventionell sind auch die Besitzverhältnisse: Die Mitarbeiterinnen und Mitarbeiter sind, neben dem Gründerpaar, Mitbesitzer der Firma. Sie halten Aktien der Firma, aber nicht etwa in einem Bonusprogramm, wie Ralph Schwarz betont. Und die Aktien werden auch nicht an der Börse gehandelt. Schwarz vermutet, dass der Aktienkurs dann viel höher wäre. Aber wichtiger als der Börsenwert sind dem Ehepaar Andermatt die inneren Werte ihrer Mission: «Die Unabhängigkeit von Grosskonzernen oder Investoren soll auch in Zukunft bewahrt bleiben», erklärt Martin Andermatt auf der Website.

Auf welche globale Entwicklung in der Firmengruppe Ralph Schwarz besonders stolz ist? Ohne zu zögern, erwähnt er den afrikanischen Kontinent: «Hier ist es besonders wichtig, dass viele Landwirtschaftsbetriebe auf einen biologischen Pflanzenschutz umstellen», erklärt er. Denn die Mittel, die hier noch im Gebrauch sind, seien nicht nur umweltschädigend. Oft genug kosten sie auch Menschenleben. ●

Mehr Informationen: **www.andermatt.com**

Der grosse Raub

Alle nötigen Gesetze sind da, damit bei einem Platzen der Derivat-Blase sämtliche Wertpapiere an die Banken gehen, schreibt der Hedgefonds-Manager David Webb in seinem Buch «The Great Taking». *Von Christoph Pfluger*

«Du wirst nichts besitzen und glücklich sein!» Der erste Teil dieses Slogans des World Economic Forum ist tatsächlich eine Drohung, die wahrgemacht werden kann, und zwar auf einen Schlag. Das beschreibt der ehemalige US-amerikanische Fondsmanager David Webb in seinem Buch «The Great Taking».

Stellen Sie sich vor, sie übergeben Ihren Wagen für längere Zeit einem Parkhaus. Dieses geht konkurs, und ihr Wagen verschwindet in der Konkursmasse. Unter diesem rechtlichen Konstrukt stehen die Sicherheiten der Derivate.

David Webb hat sich für sein hundert Seiten schmales Buch durch eine Unmenge langweiliger Dokumente voller juristischer Jargons gearbeitet. Seine wasserdichte Argumentation müsste eigentlich nicht zuletzt die Finanzwelt in Aufruhr bringen. Sogar Superreiche sind betroffen. Noch, so Webb, liesse sich dieser Drohkulisse über die nationale Gesetzgebung entgegensteuern.

Derivate sind ein Markt mit hochkomplizierten spekulativen Verträgen und einem Volumen von rund 1000 Billionen Dollar, dem Zehnfachen des weltweiten Brut-

Cartoon: Arcadio Esquivel

toinlandprodukts. Das Wort «Blase» weckt ein falsches Bild: Es ist eher ein gigantischer Klumpen, der wie ein Asteroid auf die Finanzwelt zurast – und damit auf alle Menschen, die ein Bankkonto besitzen.

Der Wert eines Derivats hängt von einem oder mehreren zugrundeliegenden Vermögenswerten ab oder ist davon abgeleitet – daher der Name. Sein Preis schwankt abhängig vom Vermögenswert, von dem es abgeleitet ist. Zum Beispiel ein Vertrag über den künftigen Kauf einer Aktie zu einem in der Gegenwart bestimmten Preis. Das Risiko des Verkäufers liegt in steigenden, dasjenige des Käufers in sinkenden Preisen. Beide können sich so gegen für sie ungünstige Entwicklungen absichern.

Ähnliches gab es schon 2000 v. Chr. im Zweistromland. In den 1970er und 80er Jahren dienten Derivate der Absicherung von Geschäften gegen Zinsschwankungen. Gross wurde das Derivate-Geschäft in den

Die Derivate sind nicht einfach eine Blase, die platzen kann, sondern ein gigantischer Klumpen, der wie ein Asteroid auf die Finanzwelt zurast.

1990er Jahren, angetrieben durch das Internet und durch die Banken, die Kredite aus ihren Bilanzen entfernen wollten. Sie poolten Kredite, zerstückelten sie und verkauften die Anteile als Papier, deren Wert aus den Zinszahlungen und Tilgungen – beide in gewissem Mass unsicher – bestand. Die Gläubiger der Kredite waren nun nicht mehr die Banken, sondern die Käufer dieser Derivate. Durch das Pooling verteilte sich das Risiko der Zahlungsunfähigkeit einzelner Gläubiger.

Eine entscheidende Rolle in diesem Prozess spielten Derivate, mit denen sich die Banken gegen Kreditausfälle absichern konnten – der langjährige US-Zentralbankchef Alan Greenspan nannte diese sogenannten Credit Default Swaps ein «Wunder der modernen Finanzwelt». Für den Grossinvestor Warren Buffet waren es hingegen «Massenvernichtungswaffen der Finanzindustrie». Mit dieser scheinbaren Sicherheit blähte sich der Markt der Derivate auf das Zehnfache des weltweiten BIP auf.

In der realen Welt kann man Risiken nicht durch Verträge ausschliessen. Sie bleiben also letztlich bei den herausgebenden Banken hängen, vor allem bei den marktbeherrschenden US-Megabanken JP Morgan Chase, Citibank, Goldman Sachs und Bank of America. David Webb zeigt in seinem Buch, wie das Risiko bei all diesen Wetten von einer Einrichtung namens Depository Trust & Clearing Corporation (DTCC) über ihren Beauftragten Cede & Co. übernommen wird. DTCC wurde 1973 gegründet, um den Wertpapierhandel der Wall Street zu digitalisieren.

Zur Cede & Co. steht in der englischen Wikipedia Bezeichnendes: «Cede and Company ist eine Abkürzung für den Begriff ‹Zertifikatsverwahrer› *[certificate depository]*. Das Wort ‹cede› bedeutet so viel wie ‹abtreten›, da Anleger ihre Aktien und Unternehmen ihre Aktionäre an einen Vermittler abtreten.» Im Klartext: Alle Aktien, Anleihen, Wertpapiere und Hypotheken, die bei Cede & Co. elektronisch registriert sind und digital gehandelt werden, befinden sich rechtlich im Besitz der DTCC! Die eigentlichen Eigentümer besitzen nur ein bei der DTCC registriertes Anrecht auf das Papier, seinen Ertrag und seine allfälligen Stimmrechte. Makler, die das Geschäft abwickeln, können die Wertpapiere ausleihen oder als Sicherheiten verwenden, wenn dies nicht ausdrücklich ausgeschlossen wird. Das Konzept des Eigentums an Wertpapieren wurde so durch das Prinzip des Sicherheitsanspruchs ersetzt.

Wie sicher sind die Wertpapiere bei der DTCC? Mit einem Kapital von 3,5 Milliarden Dollar scheint die Firma im Besitz von Banken und Brokern, die 1,7 Billiarden Transaktionen pro Jahr abwickelt (Stand 2021), ernsthaft unterkapitalisiert, um alle potenziellen Derivatansprüche zu befriedigen. David Webb glaubt, dass dies beabsichtigt ist. Und vermutlich hat er recht, denn die Banken schützen sich durch Übertragung der Risiken an eine von ihnen rechtlich getrennte, aber in ihrem Besitz stehende Körperschaft. Das kann kaum Zufall sein.

Was passiert, wenn die DTCC in Konkurs geht? Nach dem Bankruptcy Abuse Prevention and Consumer Protection Act von 2005 haben Derivate bei einem Konkurs «Super-Priorität». Das US-Gesetz, das

Das Konzept des Eigentums an Wertpapieren wurde durch das Prinzip des Anspruchs ersetzt.

vom Namen her eigentlich Konsumenten schützen müsste, schützt also vor allem Spekulanten und verleitet sie dazu, höhere Risiken einzugehen. Dazu kommen die «Safe harbor»-Bestimmungen, die 2005 in das US-Konkursrecht eingeführt wurden. Sie gewähren systemrelevanten Institutionen wie dem DTCC einen vorrangigen Anspruch auf gepoolte Wertpapiere ihrer Kunden.

In der Summe bedeutet dies, dass bei einem Platzen der Derivatblase mehr oder weniger sämtliche Vermögenswerte in digitalen Registern der DTCC und ihren weltweit tätigen Tochtergesellschaften an die DTCC übergehen, die damit die Forderungen der Emittenten der Derivate befriedigt – also der Megabanken!

David Webb hat mir auf Anfrage erklärt, dass das System weltweit greife, was ich auf die Schnelle nicht überprüfen konnte. Ich gehe davon aus, dass auch in Europa Wertpapiere auf den Plattformen der DTCC, die mit knapp tausend Banken Partnerschaften unterhält, gehandelt werden. Immerhin hält die Depository Trust Company, aus der die DTCC hervorgegangen ist, 7,61 Prozent der UBS-Aktien, mehr als Blackrock.

Das Ganze wirkt wie eine verrückte Verschwörungstheorie, ist aber durch eine ganze Reihe von Gesetzesänderungen und zum Teil durch Gerichtsurteile belegt. Wer im Englischen einigermassen sattelfest ist, kann das Buch von David Webb lesen, das kostenlos im Netz heruntergeladen werden kann. Bei den Lösungen bleibt der Autor allerdings etwas knapp. Webb will mit The Great Taking vor allem Alarm schlagen und nationale Gesetzgeber dazu bewegen, dem Zugriff auf die Vermögenswerte Schranken zu setzen. Im Vordergrund stehen dabei die Bestimmungen, die das Eigentum durch ein Recht am Eigentum ersetzen. Ob das gelingt, ist fraglich. Die Materie ist so komplex, dass sie den durchschnittlichen Parlamentarier vermutlich überfordert.

Wie wahrscheinlich es ist, dass der von David Webb beschriebene «grosse Raub» tatsächlich stattfindet, ist schwer zu sagen. Sicher wird er nur als *ultima ratio* bei einem tatsächlichen Aufprall des Derivate-Asteroids umgesetzt. Und was das Recht dann noch gilt, ist eine ganz andere Frage, denn der Zusammenbruch des Geldsystems bedeutet gleichzeitig das Ende der Rechtsordnung, wie wir sie kennen – Geld spielt schliesslich in allen Verträgen und in den meisten Gesetzen eine entscheidende Rolle.

Sich in diesen unsicheren Zeiten auch ein derart einschneidendes Ereignis vorzustellen, erscheint durchaus legitim. Sich darauf vorzubereiten, ist allerdings eine ganz andere Sache. Sicher gilt: Je weiter ein Wert von den Grundbedürfnissen entfernt ist, desto zerbrechlicher ist er. Brot ist besser als Geld, ist besser als ein Guthaben bei einer Bank, ist besser als eine Obligation oder eine Aktie, ist besser als ein Derivat. Am besten sind Autarkie an Lebensmitteln, eine starke Familie, gute Freunde und Nachbarn, ein funktionierendes Quartier oder Dorf. Sie machen das Leben wertvoll, ob die Blase nun platzt oder nicht. ●

Der US-Amerikaner **David Rogers Webb** stieg in den 1980er Jahren ins Bankgeschäft ein. Indem er die Risiken einer überschiessenden Geldschöpfung früh erkannte, überstand er das Platzen der Dotcom-Blase mit seinen eigenen Hedgefonds mit einer Bruttorendite von 320 Prozent, während die wichtigsten Indizes massive Verluste verzeichneten. Webb hat sich aus dem Finanzgeschäft zurückgezogen, lebt seit über zehn Jahren in Schweden, wo er sich der Analyse der Finanzmärkte widmet.

Quellen:
David Webb: **The Great Taking.** 2023, 102 Seiten, Download: thegreattaking.com
Ellen Brown: **«The Great Taking»: How They Can Own It All.** Blogbeitrag vom 3.10.2023.
ellenbrown.com

Auf dem Weg in die WHO-Diktatur?

Kein Science Fiction: Im Jahr 2024 greift ein globaler Konzernzusammenschluss nach unseren Grundrechten – und unsere gewählten Vertreter drücken sich vor der Entscheidung. Möglich wird das durch die Ängste, die in drei Jahren Pandemie einstudiert wurden.

Längst ist die Weltgesundheitsorganisation nicht mehr die neutrale und dem Gemeinwohl dienende Organisation, als die sie gegründet wurde. Zu 80% von zweckgebundenen Spenden abhängig, wurde sie ein Organ der Pharmaindustrie. Mit den ins Hause stehenden Änderungen der «Internationalen Gesundheitsregeln» (IHR) will die WHO ihre Macht nun ausbauen. Bis Mai soll der sogenannte Pandemievertrag beschlossen werden.

Was beinhalten die Änderungen?

Der Generaldirektor der WHO, der bisher nur Empfehlungen aussprechen konnte, darf dann allein entscheiden, wann ein internationaler Notfall eintritt. Die Mitgliedsstaaten können dazu gezwungen werden, seinen Anweisungen zu folgen, ohne Kontrolle durch Parlamente: ein eindeutiger Angriff auf die nationale Selbstbestimmung. Die Anweisungen des Generaldirektors – z.B. Lockdowns, Quarantäne und Zwangsimpfungen – können nicht nur bei Pandemien erfolgen, sondern auch, wenn seiner Meinung nach nur eine Pandemie droht. Auch Zensur will die WHO ausüben dürfen, angebliche Falschinformationen bekämpfen und so in die Pressefreiheit eingreifen.

Der deutschen Regierung scheint das nicht so wichtig: Der Bundestag hat seine Stimme an die EU-Kommission übertragen.

WHO-Originaldokument:
https://apps.who.int/gb/wgihr/pdf_files/wgihr2/A_WGIHR2_Reference_document-en.pdf

---

Terra-Nova-Podcast-Folgen mit Christa Dregger

Tanz für gerechten Frieden in Palästina
Im Gespräch mit Mirjam Sutter: http://tinyurl.com/Friedenstanz

Gemeinschaft oder Kult? Im Gespräch mit Dieter Rohmann:
http://tinyurl.com/Rohmann

Der Corona-Krimi Im Gespräch mit Prof. Jochen Hering
http://tinyurl.com/coronakrimi

Starker Start, schwacher Name:
Bündnis Sahra Wagenknecht von Christoph Pfluger

Keine andere Parteigründung hat in den letzten Jahren in Deutschland mehr Aufsehen erregt als jene des Bündnis Sahra Wagenknecht (BSW). Deutschlandweit käme sie laut Umfragen auf 14 Prozent, wenn jetzt Bundestagswahlen wären. Noch besser steht sie im ostdeutschen Thüringen da, wo in diesem Herbst gewählt wird. Mit 17 Prozent würde sie dort hinter der AfD (31 Prozent) auf Anhieb zweitstärkste Kraft.

Für die Bild-Zeitung macht Sahra Wagenknecht den Osten damit «unregierbar». Die Botschaft: Nicht nur mit der AfD, auch mit dem BSW ist eine Koalition ein politisches No-Go. Wenn diese Haltung der Bild-Zeitung von den etablierten Parteien übernommen wird und sie auch eine Koalition mit der Partei Wagenknechts ausschliessen, dann wären knapp 50 Prozent der Wähler ohne politische Mitsprache in der Regierung – ein gigantisches Demokratie-Problem.

Der Zustrom von Wählern von anderen Parteien zum BSW ist beachtlich. 52 Prozent der Anhänger der Linken würden bei den kommenden Bundestagswahlen Wagenknecht wählen. Das verwundert nicht. Geradezu spektakulär ist jedoch das Wahlverhalten der heutigen AfD-

Wähler: 36 Prozent von ihnen könnten 2024 zum BSW wechseln. Die ohnehin arg gebeutelte SPD verlöre 15, die CDU 10 Prozent.

Was mich nachdenklich stimmt, ist die Fokussierung des Bündnisses auf ihre Galionsfigur. Das ist ein erhebliches Risiko für die längerfristige Entwicklung. Sahra Wagenknecht könnte medial abgeschossen werden oder tatsächlich unters Tram kommen. Was dann? Zudem ist der Name kein gutes Signal für die demokratische Willensbildung innerhalb ihres Bündnisses. Das Bündnis will bis nach der Europa-Wahl vom kommenden Juni einen neuen Namen finden.

Trotzdem ist ihrer Partei viel Erfolg zu wünschen; das Programm des BSW macht Sinn. Sahra Wagenknecht könnte durchaus Kanzlerin werden. Ein Wandel liegt in der Luft. Ob Klima, Energie, Migration, Sozialpolitik – überall stösst die Ampel-Koalition an Grenzen. Es ist, als würden Rot, Grün und Gelb der Ampel gleichzeitig blinken. Niemand weiss, in welche Richtung es gehen soll.

Wir könnten jetzt noch über die Versuche sprechen, die AfD zu verbieten, anstatt sich ihr im politischen Wettbewerb zu stellen. Aber vielleicht wird Sahra Wagenknecht das AfD-Problem ja ganz von alleine lösen. ●

Die Kleinen müssen gross werden

Ein Referendum und drei Initiativen sind nur durch Zusammenarbeit der alternativen Umweltorganisationen zu gewinnen.

Jetzt geht es zur Sache: Am 9. Juni kommt der Mantelerlass zur Abstimmung, der den Bau von Energieanlagen in geschützten Landschaften ermöglicht und die Einsprachemöglichkeiten der Bevölkerung einschränkt. Ende Januar wurden zwei Volksinitiativen lanciert: Die Waldschutzinitiative will den Bau von Windturbinen in Wäldern verhindern, die dazu gerodet werden müssten. Die Gemeindeschutzinitiative will die Mitsprache der betroffenen Bevölkerung in der Verfassung sichern. Gleichzeitig läuft die Unterschriftensammlung für die Ernährungsinitiative.

Das Gemeinsame all dieser Vorhaben: Sie bewirtschaften Anliegen der traditionellen Umweltschutzbewegung, die aber von den etablierten Organisationen und der grünen Partei vernachlässigt werden, die ihre Politik ganz der Bekämpfung des CO_2 unterordnen.

Es zeichnet sich eine Zeitenwende in der Umweltpolitik ab: Die CO_2-Organisationen verlieren an Rückhalt in der Bevölkerung. Aber der ganzheitliche Schutz von Natur, Tier, Landschaft und Demokratie (!) liegt noch in den Händen von kleinen Organisationen. Sie sind vielleicht gross genug, um genügend Unterschriften zu sammeln, aber zu schwach, um eine Abstimmung zu gewinnen, wie das Schicksal der 2021 abgelehnten Trinkwasser-Initiative zeigt.

Die Antwort auf diese Situation wäre eine Allianz der Kleinen, die sich gegenseitig unterstützen. Aber es gibt Hindernisse. Die Kleinen sind zu sehr mit sich selber und ihren Anliegen beschäftigt und dulden keine Ablenkung durch andere Projekte – ein strategischer Fehler.

Man kann heute Abstimmungen gegen den Mainstream nur in stabilen Koalitionen gewinnen. Man kann nicht für jede politische Auseinandersetzung neue Verbündete finden und ein neues Netzwerk aufbauen. Die aktuellen Projekte wären eine gute Gelegenheit, mit dem Aufbau einer neuen Allianz zu beginnen. Die Windenergie ist ein geeigneter Aufhänger: Ihr Ausbau in unberührten Landschaften wird gemäss einer Umfrage im Auftrag der Eidgenössischen Forschungsanstalt für Wald, Schnee und Landschaft (WSL) von 89 Prozent der Bevölkerung abgelehnt. So viel Einigkeit ist für Grösseres zu nutzen.

Christoph Pfluger

Weitere Informationen
Mantelerlass: Fondation Franz Weber: ffw.ch •
Bündnis Natur und Landschaft: bnl-unp.ch
Waldschutz-Initiative:
protection-forets-oui.ch/de
Gemeindeschutz-Initiative:
protection-communes-oui.ch/de
Ernährungsinitiative: ernaehrungsinitiative.ch
Zur Ernährungsinitiative liegt dieser Ausgabe ein Unterschriftenbogen bei.

Initiative für eine sichere Ernährung

Für sich, aber zusammen

Startrampe Biel, ein Co-Working-Space für Macher und Entwicklerinnen.

Die besten Ideen entstehen in der Kaffeepause, wenn die Mitarbeiter miteinander plaudern, scherzen, aber auch die Aufgaben besprechen, die sie gerade beschäftigen. Dies ist die Erfahrung in vielen grossen Firmen.

Aber was tun die vielen Einzelkämpfer, die mit Herzblut ihre Projekte verfolgen? Sie gehen, wenn sie noch nichts Passendes gefunden haben, in den Co-Working-Space der Startrampe Biel-Bienne, die am 5. März die Türen zu ihren grosszügigen Räumen öffnet.

«Wir wollen Wir-Kraft erleben und Wirk-Kraft entfalten», sagt Patrick Annicchiarico, der Projektverantwortliche, der die grosse Halle umgestaltet. Das klingt wie Werbung. Aber das wird die «Startrampe Biel-Bienne», wie der Ort offiziell heisst, nicht nötig haben. 16 grosszügige Arbeitsplätze samt Büro-Infrastruktur, Bistro, Besprechungsräumen inmitten von Pflanzen entstehen dort. Dazu gibt es rund 400 m² Büroflächen in abgeschlossenen Räumen für Dauermieter.

«Wir wollen Menschen anziehen, die weiterdenken – Unternehmer, Start-Ups, Entwickler und Tüftler, nicht einfach solche, die wegen der günstigen Konditionen kommen», sagt Patrick Annicchiarico. Die Halle wird multifunktional genutzt. Das Mobiliar ist beweglich und kann für Veranstaltungen mit bis zu 250 Personen weggeräumt werden.

Hinter der grosszügigen Idee steht die Bieler Familie Schiess, die die Uhren-

«Wir-Kraft erleben und Wirk-Kraft entfalten»: Patrick Annicchiarico, Verantwortlicher der Startrampe Biel. (Bild: zVg)

industrie und die Medizinaltechnik mit hochwertigen Metallen beliefert und mit der Halle einen Beitrag zur gesellschaftlichen Entwicklung leisten will.

Der erste grosse Event, der in der Startrampe stattfindet, ist der Zeitpunkt-Apero vom 4. März – auch eine Gelegenheit, vielleicht eine Heimat für seine Projekte zu finden.	*Christoph Pfluger*

Startrampe Biel-Bienne, Angebote und Preise

Arbeitsplätze, fix und flex:
Spontanbesucher: CHF 20/Halbtag,
CHF 30/ganzer Tag
Monatsbesucher:
1 - 3 Tage/Woche: CHF 100 bis 300
Arbeitsplatz, Internet, Drucker,
Gemeinschaftsraum, Kaffee
inbegriffen.
www.startrampe-biel-bienne.ch

Leben, wo andere Ferien machen

Wird jetzt ein Traum wahr – oder ein Alptraum? Hauptberuflich bin ich Journalistin und Redaktorin des Zeitpunkt. Doch zusätzlich bin ich seit Anfang Januar Mit-Betreiberin eines Biohotels an der Ostsee. Wie es dazu kam. *von Christa Dregger*

E s war Liebe auf den ersten Blick. Nach Monaten der Besichtigungen von «Häusern mit viel Potenzial» – ein gebräuchlicher Euphemismus für «Ruine» – standen wir Ende Juni 2023 vor einem wunderschönen Gutshaus. Darum herum Wiesen, uralte Eichen und Eschen und die Ostseeküste. Ostsee? Naja, der «Bodden» ist eine Ostsee-Lagune, und wer darin schwimmen möchte, muss erst einmal hundert Meter weit durch knietiefes Wasser waten.

Das 700 Jahre alte Rittergut Gut Nisdorf liegt am Ende der Welt. Nur der Ostseeradweg geht hier vorbei. Die Vorbesitzer haben das Gut restauriert und es 20 Jahre lang als Biohotel geführt. Nach den Ausfällen aufgrund der Corona-Massnahmen reicht es ihnen: Sie gehen in den Ruhestand.

Und wir? Sind fünf Freunde, die einen Lebenstraum verwirklichen wollen. Wir alle haben lange in Gemeinschaft gelebt und wollen das wieder. Und ausserdem Seminare geben, einen Permakulturgarten anlegen, eine Anlaufstelle für Suchende, Dialogkultur und Begegnung bilden. Die Gemeinschaft soll wachsen – wir denken an letztlich 15 bis 20 Menschen –, aber nicht zu schnell. Uns leitet die Idee und der Wunsch, angesichts einer

Uns leitet die Idee und der Wunsch, angesichts einer immer chaotischeren Zeit eine Oase des Friedens, der Kohärenz, der Orientierung aufzubauen.

immer chaotischeren Zeit eine Oase des Friedens, der Kohärenz, der Orientierung aufzubauen. Der Weg dahin wird sich sicher noch oft ändern.

Der Kaufpreis übersteigt unsere Möglichkeiten um das Dreifache. Die Immobilie ist ausserdem viel zu abgelegen. Und zu gross! Doch kein Ar-

Das 700 Jahre alte Ritter-gut in Nisdorf, 200 m vom Ostsee-Bodden, hat eine glückliche neue Besitzer-gemeinschaft. (Fotos zVg)

gument greift, denn wir alle wissen sofort: Das ist es! Vielleicht hatte uns ja *Therese* gerufen – die letzte Gutshausbesitzerin von vor 150 Jahren. Ihr Porträt hängt im Speisesaal und sieht alles.

Wir erhielten genug geliehenes Geld, um – zusammen mit dem Bankkredit – das Anwesen zu kaufen. Und uns bis zum Ende unseres Lebens zu verschulden.

Niemand von uns Fünfen hat viel auf der hohen Kante. Zwei erwarten etwas Geld aus dem Verkauf ihrer Elternhäuser. Wir fragen also unsere Freunde, Familien, Netzwerke nach Privatdarlehen. Die Resonanz übertrifft alle Erwartungen: Wir erhalten genug geliehenes Geld, um – zusammen mit einem Bankkredit – das Anwesen zu kaufen. Und uns bis zum Ende unseres Lebens zu verschulden.

Wir sind überwältigt. Es gibt aber auch Rückschläge. Einmal will eine Zeitpunkt-Leserin sich mit einer Millionen Franken einbringen. Schon machen wir Pläne, das umliegende Land dazu zu kaufen. Doch bevor es dazu kommt, springt sie wieder ab. (Falls noch jemand anders eine Million zu viel hat: Die Wiesen rundherum sind Bauland, hier könnte eine wunderbare Permakultursiedlung entstehen.)

Wir erstellten einen Businessplan mit lauter Unbekannten: Welche Menschen können sich solche Ferien leisten? Wollen die meisten nicht lieber nach Thailand? Sollen wir es wagen?

Eine befreundete Heilpraktikerin, im Nebenberuf Wahrsagerin, versichert uns: «Es liegt ein grosser Segen auf eurem Projekt. Bleibt bei dem Mut, ins Ungewisse zu gehen. Feriengäste kommen zu euch – und nehmen nebenbei wahr, dass hier auch etwas ganz anderes wirkt. So erreicht ihr Menschen, die von Gemeinschaftskultur noch gar nichts wissen. Ihr könnt ein Heilungsimpuls sein – für euch selbst, für die Region, für alle Menschen, die es zu euch zieht.»

Ja, das wollen wir! Und so kaufte einer von uns, noch bevor der Finanzplan klar ist, ein Segelboot – ein Statement, das sagen soll: Wir kommen. Wir wollen leben, wo andere Urlaub machen!

Wir gründen eine Genossenschaft und beginnen eine gemeinsame Kasse. Eines ist klar: Dieser Schritt führt uns fünf, von denen vier über 60 Jahre alt sind, nicht in einen beschaulichen Lebensabend. Sondern in eine grosse Herausforderung. Wunderbarerweise ergänzen sich unsere Fähigkeiten: ein Unternehmensberater, ein Handwerker, ein Ökologe, eine geborene Gastgeberin – und ich: gelernte Gärtnerin und Journalistin. Eigentlich kann man bei so einem Unternehmen fast jeden Beruf brauchen.

Eine fremde Bio-Welt

«Biohotel» – was bedeutet das eigentlich? Auf einer Fachtagung in Südtirol fand ich heraus: Biohotels sind Ferienanlagen, die in möglichst allen Bereichen biozertifiziert sind – Lebensmittel, Bau, Möbel, sogar Bettwäsche: alles bio. Wer hier Ferien macht oder ein Seminar belegt, will Komfort und Nachhaltigkeit auf hohem Niveau verbinden.

Höher, als ich es kenne. Ich lebe seit Jugend an «bio», was für mich hiess: Gemüse anbauen, Brot backen, Kräuter-Salben anrühren – und ganz selten mal etwas im Körnerladen kaufen. Bio vor 40 Jahren war ein Gegenentwurf zur Konsumgesellschaft. Bio heute, so meine Wahrnehmung, ist elitär, eine mächtige Industrie und Teil des Systems.

Auf der Biohotel-Tagung aber traf ich Menschen mit echter Bio-Leidenschaft: ehemalige Hotelmanager mit Burnout, die jetzt für «Hotels mit Seele» eintreten. Bauernsöhne und -töchter, die auf dem elterlichen Biohof ein Gästehaus betreiben und mit eigenen Produkten versorgen. Eine ehemalige Versicherungsmaklerin, die auf einer Rucksackreise weltweite Gastfreundschaft kennenlernte – und diese heute mitten in Frankfurt-City selbst verwirklicht. Ein Barkeeper mit Liebe für Bio-Cocktails.

Nach der Bio-Sauna setzten wir uns zum vielgängigen Bio-Menü vom Allerfeinsten, wahlweise mit Fleisch, vegetarisch oder vegan. Hotelier Ingo Theiner wollte zeigen, dass Bio und exquisiter Genuss kein Widerspruch sind.

Diese Welt war mir fremd. Aber ich wurde herzlich aufgenommen und von allen gleich geduzt. Kommen wir nicht alle aus der grossen Bio-Familie? Auch sind, wie ich durch Vergleiche feststelle, Bio-Hotels kaum teurer als andere Hotels der gleichen Klasse.

Doch die Klimaindustrie ruht nicht: Der eingeladene Vertreter einer CO_2-Kompensationsfirma pries «Green Meetings» als lohnende Marktlücke an. Unternehmen sammeln Klimapunkte, indem sie biozertifizierte Hotels als Tagungsorte wählen. Auch hier gilt: Wo Nachhaltigkeit draufsteht, ist meistens Profitdenken drin. Dagegen steht aber ein ziemlich bodenständiges Gefühl der Bio-Hoteliers: «Wir haben unser Hotel so aufgebaut, wie wir das wollten – persönlich, gesund, individuell. Das sind unsere Werte, und da lassen wir uns nicht reinreden.»

Winter in Nisdorf

1000 Kraniche und Gänse
können sich nicht irren.

Immer neue Fügungen

Ende November geschieht es: Notar, Kaufvertrag und Unterschrift. Wir feiern in einem Restaurant. Kaum zu glauben: Wir sind Gutsbesitzer!

Inzwischen leben wir seit drei Wochen im neuen Zuhause – immer noch zwischen Umzugskartons in den Ferienwohnungen. Bis wir in die Betreiberwohnung einziehen und das Hotel wirklich wieder eröffnen können, dauert es noch ein paar Monate. Das alte Besitzerpaar muss zuvor 25 Jahre seines Lebens «verpacken». Jeder Tag mit ihnen ist intensives Lernen. Manchmal bricht ihre Spannung durch. Einmal, als ich beim Schleppen ihrer Kartons helfe, schiesst sie auf mich zu und brüllt mich in voller Lautstärke an – irgendwas mit «ungeschickt», «alles geht kaputt», «ich fass es nicht».

Ich setze an, zurückzubrüllen, aber mein Mann nimmt mich schnell in den Arm. Ich atme ein paar Mal tief ein und aus – und übe mich in Verständnis.

Manchmal erzählen sie über ihren Stress, darüber, schon seit Jahren nie zur Ruhe zu kommen. Zu viel lastete auf ihnen, das ging auch auf ihre Gesundheit. Eigentlich wollten sie ja auch einmal Gemeinschaft gründen und die Arbeit teilen.

Zum Glück haben wir fünf reichlich Erfahrung damit, zusammenzuleben, ein Wir zu werden, Konflikte zu lösen. Aber in den ersten Tagen im Gut schiessen mitunter auch unsere Spannungen durch. Kleinigkeiten werden hektisch diskutiert. Keiner gibt nach. Auf einmal finden wir, die wir uns teilweise seit Jahrzehnten kennen, uns in Positions- und Meinungskämpfen wieder. Manches Mal gehe ich ans Boddenufer und spreche mit den Schwänen. Oder den Kranichen, die zu Hunderten übers Haus ziehen.

Doch dann finden wir wieder die Ruhe zu einer Aussprache – und unseren Humor wieder. Es ist einfach alles neu. Jeder von uns gibt sein Bestes. Als werdende Gemeinschaft brauchen wir Zeit, uns aufeinander einzulassen, unsere Dynamiken zu verstehen, uns zu vertrauen – und manchmal auch, uns zu widersprechen und zu reiben.

Wir merken: Zeit wird zum kostbarsten Gut im Gut! Die Webseite ist noch nicht fertig, aber schon kommen Buchungsanfragen. Die Energiekosten steigen, die Mehrwertsteuer für Gastronomie auch. Die Bäume im Park müssen geschnitten, alle Holzböden geölt, alle 255 Fenster gestrichen werden. Wir können unsere eigene Wohnung erst renovieren und einziehen, wenn die Vorbesitzer weg sind – doch die lassen sich Zeit. Ostern wollen wir aufmachen. Bis dahin müssen wir die Küche einrichten, Kontakt mit Biohöfen der Region aufnehmen – und um Himmels Willen eine Köchin oder einen Koch finden …

Die frühere Perle heisst Cindy und wohnt im Dorf. Was sie in der kleinen Küche gezaubert hat, war, wie man hört, legendär. Doch dann überwarf sie sich mit ihrer ehemaligen Chefin. Wir besuchen sie – und Jaaa! sie steigt wieder ein. Uns fallen 100 Felsbrocken vom Herzen.

Heute Morgen ist der Bodden tatsächlich gefroren. Nicht so dick, dass man drauf laufen könnte, aber immerhin. Gleissendes Licht auf dem Schnee und dem Eis. Gänse und Schwäne gleiten übers Wasser.

Und täglich melden sich Menschen: «Wir wollen Urlaub bei euch machen, brauchen eine Ferienwohnung für unsere Familie und eine fürs Kindermädchen.» – «Wir wohnen im Nachbarort und haben einen Wasserschaden – wir suchen eine Unterkunft für drei Monate, mit drei Kindern und zwei Hunden.» – «Ich gebe Basenfastenkurse, kann ich die bei euch machen?» – «Mein Seminar in Bewusstseinstraining könnte genau zu euch passen.» – «Ich bin Landschaftsgärtner, würde aber auch in der Küche helfen und möchte den ganzen Sommer bei euch sein und euch kennenlernen.»

Unser Haus hat viele Möglichkeiten. Unser Konzept lautet im Moment: Wir sind offen. Während der Feriensaison vermieten wir an Hotelgäste, gerne mit Kindern, auch Hunde darf man mitbringen. Es wird dank Cindy, auf Wunsch bestes Bio-Buffet geben. Im Herbst und Frühjahr finden Seminare und Kurse statt. Und manchmal laden wir selbst ein – zu einem Journalistentreffen, zu Kulturabenden oder Mitmach-Wochen. Alles steht unter dem heimlichen Motto: Begegnung heilt. Begegnung mit anderen, mit der Natur und mit sich selbst. Und im Winter machen wir Pause. Ich bin aufgeregt, manchmal etwas panisch – und voller Freude. ●

Im Park

Mehr: **www.gut-nisdorf.de**
und **www.terranova-begegnungsraum.de**

In hundert Jahren ...

... werden in unseren ach so gepflegten Gärten andere Kinder spielen und andere Katzen scheissen.

Kolumne von Anton Brüschweiler.

W ir Menschen haben zum Teil äusserst seltsame und vor allem irrationale Eigenschaften. Eine besteht etwa darin, dass wir uns selbst und die momentane Lebenssituation gerne komplett überschätzen.

Wir fühlen und verhalten uns, als würden wir ewig existieren. Zudem geben wir uns der Illusion hin, dass wir von Bedeutung sind, dass sich die Welt für uns interessiert. Alles, was in unserem Leben geschieht, unsere ganzen Lebensumstände, werten wir unglaublich stark. Es ist uns wahnsinnig wichtig, was wir besitzen, welche berufliche Stellung wir innehaben, wie wir auf andere wirken, wie wir aussehen, was für Beziehungen zu anderen wir haben. Alle materiellen Güter verteidigt unser Ego, als gäbe es kein Morgen. Wir verehren und pflegen unsere Autos und unsere Fahrräder, unsere Häuser und Gärten, unsere Familien. Wir verteidigen unseren Besitz so gut wir können. Wir versichern unser Hab und Gut und geben uns der Illusion hin, dass wir ewig besitzen können.

Mit einer einfachen, aber umso wirksameren Übung lässt sich diese Kurzsichtigkeit überwinden: Wir sollten uns einfach ab und zu überlegen, wie die Welt in Bezug auf uns – in 100 Jahren aussieht. Unsere ach so wertvollen Autos und Fahrräder werden längst auf einem Schrottplatz gelandet sein und im besten Fall recycelt in einem anderen Gerät wiederverwendet werden.

In unseren ach so geliebten und gepflegten Gärten werden andere Kinder spielen und andere Katzen scheissen. Und falls unsere Häuser überhaupt noch stehen, werden längst andere, uns komplett fremde Menschen unsere geliebten Räume bewohnen. Unsere Ansichten und Meinungen, unsere Arbeit, alles, was wir geleistet haben, wird sehr wahrscheinlich niemanden mehr interessieren. Ja es wird sich wohl schlicht und ergreifend niemand mehr an uns erinnern.

So wie man auf dem Laptop mit der Return-Taste eine überflüssige Datei löscht, wird auch unsere Existenz aus dem kollektiven Gedächtnis gelöscht sein.

Diese kleine Übung wirkt auf mich äusserst beruhigend. Sie relativiert mein ganzes Leben, es wird mir bewusst, wie idiotisch wichtig wir uns alle nehmen, wie lächerlich ernst wir oft völlig vergängliche Situationen einstufen. Ich finde, die menschliche Vergänglichkeit hat etwas unglaublich Tröstliches. Und einmal mehr wird mir bewusst: Das Einzige, was wirklich zählt, ist das Hier und Jetzt. ●

Der Zustand der Debatte

Jedes kontroverse Thema spaltet heute nicht nur die politischen Lager, sondern auch die Menschen. Dies hat das Jahr 2023 deutlich gemacht. Ob Pandemie, Klima, Gender, Ukraine oder Gaza: Unüberbrückbare Gräben verhindern das seriöse Gespräch, verstärkt durch die kaschierte Zensur von Big Tech.

«Das Jahr der Spaltung», das neue Jahrbuch der Informationsplattform Transition-News zeigt in knapp 30 Beiträgen, wie tief die Debattenkultur bereits gefallen ist, aber auch, wie sie wiederhergestellt werden könnte. – und müsste.

Mit Beiträgen der Redaktion von Transition-News, Christian Kreiß, Milosz Matuschek, Christoph Pfluger, Hermann Ploppa, Ernst Wolff und anderen.

Transition-News (Hrsg.): Das Jahr der Spaltung.
edition Zeitpunkt, 2024. 128 S. Fr./€ 15.–.

TRANSITION-NEWS (HRSG)

DAS JAHR DER SPALTUNG

Pandemie, Medien, Kriege und Kultur – überall Gräben, die überbrückt werden wollen

JAHRBUCH 2023

Mit Beiträgen von Marco Caimi, Christian Kreiß, Milosz Matuschek, Ueli Keller, Christoph Pfluger, Hermann Ploppa, Ernst Wolff und der Redaktion von Transition-News

edition ZEITPUNKT TRANSITIONMEDIA

Die Welt vom Kind her verändern

Der Verein «MenschenBildung» unterrichtet Erwachsene darin, was es bedeutet, Kindern präsent zu begegnen.

von Christian Wirz

D er Verein «MenschenBildung», das sind 50 Jahre Einsatz für eine kindgerechte Schule und Erziehung. Fünfzig Jahre Schulung des erwachsenen Blickes auf das Kind: die Wahrnehmung der Perspektive des ihm anvertrauten Wesens, das Gefühl dafür, was ein Kind gerade in diesem Moment braucht.

Kindern wirklich zu begegnen, heisst, dass wir uns ihnen zuwenden. Wir sind offline. Wir lernen, den Kochherd einfach nochmal auszuschalten. Schularbeiten oder Verpflichtungen können warten, bis das Kind sich von uns wahrgenommen fühlt und seine primäreren Bedürfnisse erfüllt sind. Dann kann alles Weitere gelingen. Täglich und in jeder Situation müssten nicht die Kinder verstehen, warum es jetzt nicht passt – vielmehr sollten wir uns stets die nötige Zeit für soviel Zuwendung nehmen, bis sich die Kinder verstanden und gesehen fühlen.

Eine ganzheitliche Menschenbildung muss sich an den Entwicklungsbedürfnissen, der gegebenen Individualität und den Schicksalen der Kinder orientieren. Das kann nur gelingen, wenn wir mit ihnen in Beziehung treten und dies auch dann noch bleiben, wenn sie uns herausfordern.

Erwachsene, die diese Qualität in ihrer Präsenz aufbringen, sind die Voraussetzung dafür, dass sich ein Kind auch wirklich wahrgenommen fühlt. Wir geben so den Kindern Grundvertrauen, Orientierung und Sicherheit mit auf den Weg. Was könnte wichtiger sein?

Jean Liedloff schrieb: «Menschen brauchen das Gefühl, willkommen zu sein. Das Verhalten meiner Klienten spiegelte deutlich die innere Überzeugung, wertlos oder unwillkommen zu sein. Wenn ein Baby in den frühesten Lebensmonaten zum Schlafen in einem Babybettchen alleine gelassen wurde, geschrien hat, so laut es konnte, dabei mit den Ar-

Kindern wirklich zu begegnen, heisst:
Wir wenden uns ihnen zu. Wir sind offline.

Bild: pexels.com

men ruderte und mit den Beinchen strampelte, und trotz allem niemanden dazu bewegen konnte, zu Hilfe zu kommen, dann wird es unweigerlich Überzeugungen entwickeln wie: ‹Nichts, was in meinen Möglichkeiten liegt, kann irgendjemanden dazu bringen, etwas zu unternehmen; die Leute, die ich will, wollen mich nicht; es muss falsch von mir sein, eine Antwort zu wollen; es ist falsch von mir, dass ich von meiner Mama in die Arme genommen werden will› oder: ‹Ich sollte mich meiner Bedürfnisse schämen.›»

Die Qualität unserer Präsenz ist die Grundlage für alles, was eine gelingende Erziehung und Bildung ausmacht. Dies zu vermitteln, ist an den Kursen unseres Vereins wichtiger als alle inhaltlichen und methodischen Anregungen.

Seit den Anfängen von MenschenBildung im Jahr 1974 hat sich die Lebenswelt der Kinder in vielerlei Hinsicht verändert. Manches ist freundlicher, individualisierter und wärmer geworden. Gleichzeitig haben die frühe Fremdbetreuung, der Leistungs- und Zeitdruck zugenommen, wurden unsere Lebensräume weiter verbaut und hat die Reizüberflutung ein Mass angenommen, das eine gesunde kindliche Entwicklung grundsätzlich gefährdet.

MenschenBildung setzt sich dafür ein, die Kinder nicht an Bildschirmen verkümmern zu lassen, sondern sie zu ganzen Menschen zu bilden – im Sinne der grossen Pädagogen Pestalozzi, Steiner, Montessori und anderen. Ob uns das gelingt, steht und fällt damit, wie wir die tägliche Herausforderung annehmen, Kindern wirklich zu begegnen.

Wir sind dafür verantwortlich, ihnen einen sicheren Boden und altersgemässe Lern- und Lebensbedingungen zu schaffen. Dazu müssen

Menschen brauchen das Gefühl, willkommen zu sein.

sie erst einmal erleben, dass die Welt ein guter und sicherer Ort ist, mit einer Fülle von Dingen, die zu entdecken sich lohnt. Es ist unsere Aufgabe und Verantwortung, die aktiven Gestalter der Lebenswelt der Kinder zu sein, ihnen ihre Wohn-, Schul- und Aussenräume zu wirklich kindgerechten Lebensorten zu machen.

Im Jubiläumsjahr 2024 möchten wir dazu einladen, solche Orte kennenzulernen. Unsere Tagesseminare finden fast alle in solchen inspirierenden, für Kinder und das Lernen gestalteten Institutionen statt. So werde die Teilnehmenden nicht nur hören, sondern mit allen Sinnen erfahren können, was einen solchen Ort ausmacht. ●

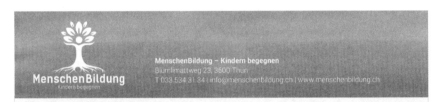

Der Werkzeugkoffer

Vor einigen Wochen gab es auf der Internationalen Raumstation ISS eine Panne. Das Missgeschick einer Astronautin blieb zum Glück ohne Folgen, zumindest für die Menschen. *von Nicolas Lindt*

Ich bin nur ein Werkzeugkoffer. Eine Spezialanfertigung, zugegeben. Ich war ziemlich teuer. Und die Werkzeuge, die sich in mir befinden, sind auch sehr speziell – so speziell wie der Einsatzort, für den ich hergestellt wurde. Kein anderer Werkzeugkoffer der Welt erlebt, was ich erlebte. Der Mensch, der mich gebraucht hat, war kein Elektriker und kein Schreiner. Es war eine Raumfahrerin, und sie nahm mich mit in den Weltraum.

Über die Reise zur Raumstation kann ich wenig berichten. Man verstaute mich in einem speziell für mich gemachten Behälter, wo ich den ganzen Flug über blieb. Irgendwann holte mich dann die Astronautin heraus, befestigte mich an ihrem Raumanzug und stieg mit mir durch eine Luke – ins Weltall.

Mir stockte der Atem – wenn ich das so sagen darf. Erst im Nachhinein überlegte ich mir, dass auch ein Dachdecker, der mit seiner Werkzeugtasche durch ein Dachfenster steigt, in den Weltraum gelangt. Das All ist immer dasselbe All, nur die Sichtweise ist eine andere. Gross und hell und wunderbar blau sah ich die von der Sonne bestrahlte Erde vor mir. Ich konnte die Meere und Kontinente erkennen und ich stellte mir vor, wie viele Werkzeugkoffer da unten sind, und wie wenig sie von der Grösse der Erde wissen.

Ich hatte immer geglaubt, das Weltall bedeute ewige Nacht. Doch es herrschte ein seltsames, von der Erde zurückgeworfenes Licht. Das Licht war so hell, dass die Sterne verblassten. Doch die Sonne lächelte nicht ihr warmes, goldenes Lächeln wie auf der Erde. Sie war weiss, und das weisse Licht ist ein kaltes Licht. Ich war froh, bei meiner Astronautin zu sein.

Sie brauchte mich, um das Sonnensegel zu reparieren, das die Raumstation mit Sonnenenergie speist. Dabei gelangte aus Versehen etwas Schmierfett an ihre Handschuhe. Als sie die Handschuhe säubern wollte, geschah es: Ich rutschte ihr aus der Hand, und sie griff vergeblich nach mir.

Plötzlich wirkten Kräfte auf mich, die mich unaufhaltsam von ihr wegzogen. Ich schwebte davon. Die Raumfahrerin schaute mir verdutzt nach und ärgerte sich wahrscheinlich. Doch in mir – wenn ich das so formulieren darf – tobten andere Emotionen. Dem ersten Schreck folgte Panik, und der Panik folgte Verzweiflung. Ich entfernte mich mit grosser Geschwindigkeit von der Raumstation, und ich wusste, dass ich verloren war. Ungebremst sauste ich durch das Weltall.

Ich entfernte mich mit grosser Geschwindigkeit von der Raumstation, und ich wusste, dass ich verloren war.

Unter mir lag die Erde, doch ihr Anblick konnte mich jetzt nicht mehr erfreuen. So nahe sie schien, so unerreichbar war sie geworden. Ohnmächtig musste ich zusehen, wie ich an ihr vorbeiflog. Im Schatten der Sonne wurde es Nacht, und auf der Erde gingen die Lichter an. Als die Raumstation – für mich völlig unerwartet – aus der Gegenrichtung erschien, wusste ich, dass ich die Erde umrundet hatte. Die Raumstation glitt majestätisch an mir vorbei, und ich fragte mich, ob die Raumfahrerin mich vermisste. Vermutlich nicht. Ich war nur ein Werkzeugkoffer und bestimmt nicht der einzige auf der Station. Auch die Gefahr einer Kollision war nicht zu befürchten, meine Umlaufbahn war bereits eine andere.

Immer wieder, während der ganzen Nacht, zirkulierte ich um die Erde. Für eine Umrundung brauchte ich weniger als zwei Stunden – so klein war der Erdball auf einmal. Aber die Zeit kam mir ewig vor, je länger ich den Planeten umflog. Ich zog meine Bahn durch die Dunkelheit, bis der Morgen dämmerte. Gab es je einen Werkzeugkoffer, der einsamer war? Ich blickte aus meiner Verlassenheit hinab auf meine irdische Heimat und beneidete all die Werkzeugkoffer da unten, die nicht wussten, wie glücklich sie sind. Ich habe die Welt von oben gesehen, doch das Geschenk, dies erleben zu dürfen, ist mein Verhängnis. Gefangen in meiner Bahn fliege ich durch die Unendlichkeit. Dass ich eines Tages verglühen werde, ist mein einziger Trost. ●

Anmerkung der Redaktion: Vielleicht ist der Werkzeugkoffer weniger einsam, als er denkt. Auf Webseiten wie **www.esa.int** erfahren wir, dass derzeit rund 10.000 Tonnen Weltraumschrott im All schweben.

Nichts muss, alles darf

Wenn das Wort «Müssen» eliminiert und mit «Dürfen» zusammenfällt, schlägt Selbstbefreiung in Selbstknechtung um. *von Samia Guemei*

A: *Oh, schade, dass ich jetzt schon aufbrechen muss! Ich muss zu einem Konzert eines guten Freundes gehen.*
B (augenrollend): *Musst du oder darfst du?*
A: *Äh, ich muss – also, es ist natürlich schön, dass ich hin-darf.*
B: *Also ich muss gar nichts mehr. Ich darf. Das gibt mir ein besseres Lebensgefühl.*

So oder so ähnlich sehen sich heute Menschen, die das Wort Müssen in ihrem aktiven Wortschatz behalten wollen, eines Besseren belehrt.

A: (nach einigem Nachdenken): *Also, für mich macht es einen Unterschied, ob ich zu einem Anlass gehen muss oder darf: Ich darf zu einem Konzert gehen, bedeutet, dass ich zu einem auserwählten Kreis von Eingeladenen gehöre. So ist es aber nicht. Ich muss tatsächlich zum Konzert, weil ich es meinem Freund versprochen habe.*
C: *Ich entscheide mich jeden Morgen dazu, Schule zu geben.*
A: *Wenn du dich ein paar Tage lang dagegen entscheiden würdest, wärst du deine Stelle ganz schön schnell wieder los.*
C: *Ich entscheide mich aber jeden Tag wieder neu für die Schule und meinen Lehrerberuf.*
A: *Aber das ist ja keine richtige Entscheidung. Im Wort Ent-scheidung steckt die «Scheidung», das Neinsagen. Man ent-*

scheidet sich für oder gegen eine Sache. Was du tust, ist immer nur neu Jasagen.

C: *Ich brauche diese Freiheit, mich jeden Tag aufs Neue für etwas zu entscheiden.*

A: *Du wendest also bewusst Sprache falsch an?*

C: *Lass mich sprechen, wie ich will! Ich gewähre dir die Freiheit ja auch.*

A: *Falsch: Sprache ist eine Konvention. Man kann Sprache nicht anwenden, wie man gerade will.*

Interessant ist übrigens, dass die Negation der beiden Modalverben «müssen» und «dürfen» eine Bedeutungsumkehr bewirkt: «Ich darf nicht» umschreibt ein Verbot. «Ich muss nicht» heisst: «Ich kann mich frei entscheiden.» Schade, wenn auch diese beiden Bedeutungen zusammengestrichen würden!

«Müssen» als Auslaufmodell zu betrachten, es vom Sprachgebrauch zu streichen und mit «dürfen» zusammenfallen zu lassen, ist Neusprech. Mit dem «Müssen» werden auch Pflichten, Versprechen und Aufgaben auf die Müllhalde gekippt. Übrig bleiben Menschen, die sonniglächelnd ihren

Mit dem ‹Müssen› werden auch Pflichten, Versprechen und Aufgaben auf die Müllhalde gekippt.

Das Abbedingen von Pflichten und deren Last macht die Welt zu einem transhumanistischen Ort aus Wille und Verstellung.

Alltag verklären. Jammern und Klagen ist nicht mehr. Schliesslich ist ja alles selbstgewählt. Und wer doch einmal Wut oder Überforderung spürt, der kann die Gefühle «willkommen» heissen und sie umdefinieren. So funktioniert Selbstmanipulation.

Das Abbedingen von Pflichten und deren Last macht die Welt zu einem transhumanistischen Ort aus Wille und Verstellung. Ohne Wahrheit. Ohne Essenz. Ohne Widerstand. Ohne Du. Ohne Grenzen. Denn: Die Widerständigkeit des anderen zeigt mir dessen Grenzen auf. Mein Widerwille wiederum weist meinen Willen in die Schranken.

«Müssen» zu eliminieren bedeutet, die *conditio humana* zu leugnen: Im Schweisse deines Angesichts sollst du dein Brot essen, steht nicht umsonst in der Bibel.

Vielleicht ist es zu gewagt, die Einebnung des Unterschieds von «Müssen» und «Dürfen» mit dem transhumanistischen Denken verknüpfen zu wollen. Und dennoch: Auch die Transhumanisten möchten die Beschränktheit der menschlichen Bedingtheit aufheben. Auch sie eliminieren «Müssen» im Sinne von materiellen oder moralischen Geboten. Für sie wird das «Dürfen» grenzenlos. Die Transhumanisten möchten nicht nur das menschliche Gehirn mit Biocomputern verkuppeln und Gebärmütter nachbauen. Der Transhumanist, der sich über allem Müssen und der menschlichen Komplexität erhebt, entledigt sich letztlich des Menschen.

E: *Ich darf morgen wieder zehn Stunden arbeiten.*
A: *Ich muss morgen wieder in den Stollen. Kotzt mich voll an.*

In dem Sinne wünsche ich uns allen mehr Dreck und weniger Selbstknechtung. ●

Ich darf zu einem Konzert gehen, bedeutet, dass ich zu einem auserwählten Kreis von Eingeladenen gehöre.

Die psychedelische Renaissance

Wie die Menschheit die Heilkraft von LSD und Zauberpilzen wiederentdeckt. *von André Jasch*

D ie Forschung an psychedelischen Drogen wie LSD und Psilocybin lag fast 50 Jahre im Dornröschenschlaf. Nun machen neue Studien Hoffnung auf eine baldige Zulassung als Medikamente gegen Depressionen und Drogensucht. Wohin geht die Renaissance der Psychedelika?

Als Timothy Leary 1971 in die Schweiz einreist, ist er ein gejagter Mann. In seiner Heimat drohen ihm wegen Marihuana-Besitzes bis zu zehn Jahre Haft. Den Schweizer Behörden ist der «Hohepriester des LSD» ein Dorn im Auge, denn er löst eine diplomatische Krise mit den USA aus, die auf seiner Auslieferung bestehen. Die Schweizer lehnen ab, Leary darf vorerst bleiben.

Leary und das Ende der ersten psychedelischen Revolution

Psychedelische Drogen sind in vielen Kulturen seit Jahrtausenden verbreitet. Amerikanische Ureinwohner tanzten sich unter Einfluss des im Peyote-Kaktus enthaltenen Meskalin in Trance. Afrikanische Stämme nahmen mithilfe des Iboga-Strauchs Kontakt zu ihren Vorfahren auf. In Mexiko wurden Riten mit Zauberpilzen durchgeführt. Und am Amazonas tranken Ureinwohner in Zeremonien den DMT-haltigen Pflanzensud Ayahuasca, um mit Naturgeistern in Kontakt zu treten.

Im Westen löste die Synthetisierung von Lysergsäurediethylamid (kurz: LSD) aus dem Getreidepilz Mutterkorn durch den Schweizer Chemiker Albert Hofmann 1938 die erste psychedelische Revolution aus. Hofmanns damaliger Arbeitgeber Sandoz nahm 1960 auch den aus Zauberpilzen gewonnen Wirkstoff Psilocybin in sein Sortiment auf. Dadurch wurde die exakte medikamentöse Verabreichung der Drogen möglich und neue Therapieformen besser durchführbar.

1959 nahm Timothy Leary, damals Leiter psychologischer Studien an der Havard-Universität, seine erste Dosis LSD. Begeistert bestellte er bei Hofmann genügend LSD und Psilocybin für zwei Millionen «Trips» und gründete 1960 das «Harvard Psilocybin Project», um die therapeutischen Anwendungen der Substanzen zu erforschen. Im «Concord Prison Experiment» verabreichte er Psilocybin an Gefängnisinsassen und konnte die Rückfallrate der Häftlinge erfolgreich reduzieren.

1963 wurde Leary gefeuert, weil er LSD an seine Studenten verteilt hatte. Am 14. Januar 1967 prägte er bei einer Rede in San Fransisco den Spruch, der zum Motto der Hippie-Bewegung wurde: «Turn on, tune in, drop out». Während ihn daraufhin der Dichter Allen Ginsberg einen «Helden des amerikanischen Bewusstseins» nannte, erklärte ihn Richard Nixon zum «gefährlichsten Mann Amerikas».

Bis zum Verbot der Substanzen 1969 wurden zahlreiche Studien mit LSD und Psilocybin durchgeführt, die vielversprechende Ergebnisse bei Depressionen, Angststörungen und Alkoholsucht lieferten. Das National Institute of Health finanzierte mehr als hundert Versuchsreihen. Doch dann wurde der offiziellen Forschung über Nacht der Stecker gezogen und sie in einen fast fünfzig Jahre währenden Dornröschenschlaf versetzt.

Das Silicon Valley macht Psychedelika wieder salonfähig

Neue Impulse kommen nach der Jahrtausendwende aus dem Silicon Valley. Statt um Bewusstseinserweiterung geht es den Tech-Managern um Effizienzsteigerung. Sie wollen nicht, wie die Manager der 80er und 90er, unter der Last ihrer Jobs zusammenbrechen. Neben Meditationsräumen zur Stressbewältigung und vitaminreichem Essen dient das sogenannte Microdosing, bei dem kleinste Mengen LSD oder Psilocybin eingenommen werden, dazu, den Berufsalltag kreativer zu gestalten.

So entstand eine neue Generation von LSD- und Psilocybin-Konsumenten. Sie planen ihre Einnahme sorgfältig, nehmen (bei LSD) alle drei Tage 10 bis 20 Mikrogramm. Mikrodosierung ist wenig erforscht, also dokumentieren sie akribisch, wie ihr Körper und ihr Geist darauf reagieren, übermitteln ihre Berichte an Forscher und diskutieren die Auswirkungen mit anderen Mikrodosierern auf der Plattform Reddit.

So kehrten Psychedelika aus der Schmuddelecke zurück in den Mainstream. Neue Biotech-Unternehmen entwickeln Medikamente, die auf den psychedelischen Wirkstoffen basieren: z.B. Compass Pathways, gegründet vom Unternehmer Lars Wilde, der Ärztin Ekaterina Malievskaia und dem Psycho-

Im Gegensatz zu den Hippies geht es den Tech-Managern nicht um Bewusstseinserweiterung, sondern um Effizienzsteigerung

logen George Goldsmith. Wilde litt unter Angststörungen und Depressionen und ist – so beteuert er gegenüber GEO – seit einem Selbstversuch mit Psilocybin frei davon. Diese Therapie wollen die drei auch anderen Menschen zugänglich machen. Die Firma Compass Pathways ging 2021 an die Börse und wird dort zwischenzeitlich mit mehr als einer Milliarde Dollar bewertet. Die Legalisierung ist jedoch ein langer Weg: Die Firma schätzte damals, dass die Psilocybin-Pille gegen Depressionen «in etwa drei Jahren» eine Zulassung als Medikament erhält. Diese Aussicht veranlasste Fachzeitschriften zum Ausrufen einer «Revolution der Psychiatrie» und der «Wiedergeburt der psychedelischen Medizin».

Die Forschung erlebt einen neuen Psychedelika-Boom

«Von 2005 bis 2015 haben Pharmafirmen so gut wie keine klinischen Studien für neue Antidepressiva mehr unternommen», sagt der Psychiater Sagar Parikh von der Universität Michigan. «Die Forschung steckte in einer Sackgasse.» Doch dann folgten bahnbrechende Untersuchungen.

Dr. Roland Griffiths, Professor für Psychiatrie und Neurowissenschaften an der Johns Hopkins University, leitete eine Studie, bei der depressiven Krebspatienten eine hohe Dosis Psilocybin verabreicht wurde. 80% der Probanden berichteten auch ein halbes Jahr später noch von einer merklichen Verbesserung. «Kein bekanntes Antidepressivum kann bei nur einmaliger Einnahme derartige Ergebnisse vorweisen», sagt Griffiths im Podcast «Making Sense». Andere Studien bestätigen die Ergebnisse.

Sie lösten einen neuen Hype um Psilocybin aus. Aufgrund seiner kürzeren Wirkdauer von rund fünf Stunden eignet es sich besser zur Forschung als das etwa doppelt so lange wirkende LSD.

Inzwischen werden die Untersuchungen auf weitere Substanzen ausgeweitet. Die Berliner Charité startete eine Untersuchung zur Behandlung therapieresistenter Depressionen mit den Wirkstoffen Dimethyltryptamin (DMT) sowie MDMA, dem Hauptbestandteil der Partydroge Ecstasy. Ausserdem weckt das afrikanische Psychedelikum Iboga (Wirkstoff Ibogain) grosse Hoffnungen als Entzugsdroge für Heroin oder Opoide. In der Schweiz zeigte Dr. Felix Müller von der Universität Basel 2022, dass zwei Dosen LSD Ängste anhaltend lindern können. 100 oder 200 Mikrogramm LSD hätten Depressionen auch noch drei Monate nach der Behandlung reduziert.

In Solothurn betreibt Peter Gasser eine psychotherapeutische Praxis und wirkt seit 2004 an Studien zur Behandlung von mentalen Erkrankungen mit Psychedelika mit. 2014 erhielt er die Genehmigung des Schweizer Gesundheitsministeriums, Patienten mit LSD zu behandeln. Mittlerweile, so sagt er, gebe es zwischen zehn und fünfzehn Therapeuten mit solchen Bewilligungen.

Zu Risiken und Nebenwirkungen

Die amerikanische Food and Drug Administration verlieh Psilocybin kürzlich den Status einer voraussichtlichen «Durchbruchs-Therapie» und beschleunigte damit das Zulassungsverfahren. Unter ihrer Aufsicht werden nun Studien mit Psilocybin zur Behandlung von Depression und Alkoholsucht durchgeführt. Der Ecstasy-Wirkstoff MDMA könnte in Kürze zur Behandlung von Posttraumatischer Belastungsstörung zugelassen werden.

Doch Wissenschaftler warnen vor Euphorie und fürchten, der neue Hype könne die Fortschritte gefährden. Wer will schon der nächste Timothy Leary werden? Psychedelika sind kein Allheilmittel und nicht für jeden Patienten geeignet. Etwa bei Menschen mit Schizophrenie oder bipolarer Störung in der Familie sei das Risiko einer Psychose zu gross.

Auch sprechen die Substanzen nicht bei jedem an, wie eine von Compass Pathways durchgeführte Studie mit chronisch Depressiven zeigt: Nur rund ein Viertel der Probanden zeige dauerhafte Verbesserungen. Dies ist ein gutes Ergebnis, doch die Erwartungen waren so gross gewesen, dass die Investoren Anteile abstiessen und der Aktienkurs um 80% einbrach.

Man solle das behördliche Zulassungsverfahren abwarten, mahnte Dr. Roland Griffiths von der Johns Hopkins University 2022 kurz vor seinem Tod. «Set, Setting (die mentale Verfassung und die Umgebung der Drogeneinnahme, d.R.) und die therapeutische Begleitung können in das Zulassungsverfahren eingebettet werden. Damit lässt sich vermeiden, dass sich Menschen unnötig in Gefahr begeben», so Griffiths im Making Sense Podcast. ●

André Jasch, (*1985) war stellvertretender Chefredakteur der Deutschen Wirtschaftsnachrichten und ist heute freier Autor aus Brandenburg.
Die Quellen zu diesem Text finden sich in der Online-Version: **zeitpunkt.ch/psychedelisch**

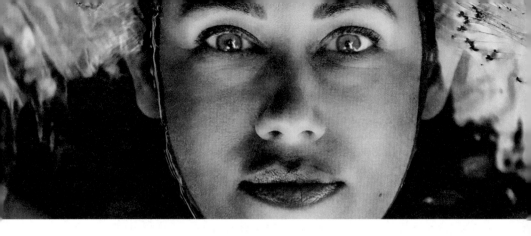

Wie «Dschungelkind» Sabine Kuegler in den Dschungel zurückkehrte

von Christa Dregger

Sabine Kuegler war zeitlebens in zwei Welten zu Hause, in der Welt des Dschungels und der westlichen Zivilisation. Aus ihrer Perspektive kann sie viele zivilisatorische Selbstverständlichkeiten reflektieren, zum Beispiel: «Im Dschungel muss man unsichtbar sein, um zu überleben – in der modernen Welt überlebst du nur, wenn du sichtbar bist.»

Sabine lebte zwischen dem fünften und 17. Lebensjahr in Westpapua. Mit ihren Eltern, zwei Sprachwissenschaftlern, war sie beim Stamm der Fayu zu Hause. Erst 1989 kam sie wieder nach Europa. Heute lebt sie in Hamburg und hat zwei erwachsene Kinder.

Ihr Buch «Dschungelkind» von 2005 wurde ein Weltbestseller. Dann war es lange ruhig um sie. Jetzt, in ihrem neuen Buch «Ich schwimme nicht mehr da, wo die Krokodile sind» erzählt sie, wie und warum sie in den Dschungel ihrer Kindheit zurückkehrte. Denn sie litt an einer schweren Krankheit, deren Ursache schulmedizinisch nicht ermittelt werden konnte. Nach immer stärkeren Schmerzanfällen kam ihr der Verdacht, dass ein noch unbekannter Erreger aus dem Regenwald sie erwischt hatte. Vielleicht könnte sie ja nur dort Heilung finden.

Es war eine schwere Entscheidung: Sabine liess ihre Kinder bei ihren jeweiligen Vätern, reiste nach Neuguinea und stiess nach vierjähriger Suche endlich auf einen Schamanen, der sie mittels eines Rindenextrakts tatsächlich heilen konnte. Doch die Heilung war nicht einfach. Erst musste sie «sterben»: Immer schwächer werdend, nahm sie Abschied, wurde bereits betrauert – und kehrte schliesslich doch ins Leben zurück. Inzwischen ist sie vollständig geheilt.

Die Liebe zu unseren Kindern und ihrer Zukunft ist stärker als unser Hass gegen unsere Feinde.

Lügen war für sie ein Kulturschock. Im Dschungel, so Sabine, lerne man, alles wahrzunehmen, sehe an der Mimik sofort, ob ein Gegenüber die Wahrheit sagt. Lügen lohne sich also nicht. In der Zivilisation sah sie sich gezwungen, diese Wahrnehmungsschärfe zurückzunehmen, um überhaupt mit Menschen in Kontakt sein zu können.

Warum aber, so fragte sie einmal ihre eingeborenen Freunde, habt ihr den Weissen geglaubt, als sie euch so viele Dinge versprochen haben? Die Antwort: «Wir haben es zwar gemerkt, aber unserer Wahrnehmung misstraut. Wir konnten uns einfach nicht vorstellen, dass so mächtige Menschen lügen.»

Die indigene Welt zu verherrlichen, liegt Sabine fern: «Persönliche Freiheit gibt es nicht, man ordnet sich den Interessen des Stammes unter.»

Inspirierend an unserem Gespräch fand ich die Friedensarbeit der Fayu, einem äusserst kriegerischen Stamm. Nie legten Krieger ihre Waffen ab, nicht mal im Schlaf. Kinder konnten nicht draussen spielen. Sabine erzählte mir von der Beilegung des permanenten Kriegs zwischen den Stämmen: «Als mein Vater zu den Fayu kam, sagten ihm die Häuptlinge, dass sie sich Frieden wünschen. Er erwiderte: ‹Ich kann euch keinen Frieden bringen, den müsst ihr selbst herstellen. Aber ich kann euch helfen, die zusammengebrochene Kommunikation wieder aufzubauen.› Denn sie trafen sich nur noch mit Kriegern anderer Stämme, um sich gegenseitig zu töten. Durch die Anwesenheit von uns Europäern gab es nun einen anderen Grund, sich zu treffen: uns zu besuchen, Dinge zu tauschen und mit uns zu kommunizieren. Aber die letzte Entscheidung lag bei ihnen: Sie mussten einander vergeben. Das war nicht leicht – denn sie hatten gegenseitig ihre Frauen oder Kinder umgebracht. Schliesslich vergaben sie sich nicht nur: Über die Stammesgrenzen hinweg schlossen sie Heiraten und nahmen auch elternlose Kinder in ihre Familien auf. Sie sagten: ‹Unsere Liebe zu unseren Kindern ist stärker als der Hass gegen unsere Feinde.› Die Menschen dieses Stammes können tatsächlich nur bis drei zählen. Aber sie haben etwas Übermenschliches geschafft, nämlich zu vergeben.» ●

Sabine Kuegler: Ich schwimme nicht mehr da, wo die Krokodile sind.
Westend-Verlag, 2023
Mein ganzes Gespräch mit Sabine Kuegler können Sie im Terra-Nova-Podcast
nachhören: **http://tinyurl.com/dschungelkind**

Philosophisch korrekt fluchen

Wie kann man anständig unanständig sein? Ein guter Fluch vermag eine verkrampft-vernebelte Situation aufzuheitern, ohne neue Düsterkeit zu verursachen. *von Philippe Schultheiss*

Zum guten Glück ist Philosophie eine theoretische Disziplin. Ich fühle mich somit nicht verpflichtet, in diesem Text praktische Beispiele von unanständigen Flüchen zu geben. Meine Pflicht ist hingegen, die Wahl dieses Themas zu begründen. Und das ist einfach:

Flüche sind aggressive emotionale Äusserungen; Emotionen und Aggressionen sind urmenschlich. Die Philosophie fragt – unter vielem anderen – nach dem Urmenschlichen. Eine liberale Philosophie, die sich mit konkreten Aspekten des modernen Alltags auseinandersetzt, muss auch Emotionen und Aggressionen thematisieren.

Flüche sind gemäss meiner Definition in formeller Hinsicht eine besondere Ausdrucksform von Emotionen und Aggressionen; in inhaltlicher Hinsicht sind Flüche spezifische Verderbenswünsche.

Sie zeichnen sich (im besten Falle) durch folgende Aspekte aus: emotionale Entlastung, Minderung des Aggressionsniveaus und Erheiterung der Umgebung. Ich gehe im Folgenden auf jeden Aspekt kurz ein.

Ein Fluch fällt nicht aus heiteren Himmel, sondern eruptiert aus der brodelnden Tiefe der Seele. Emotionen wie Hass, Wut, Enttäuschung oder auch nur eine milde Unzufriedenheit führen zu einer Erhöhung des «Fluchdrucks». Wird dieser zu lange ignoriert oder unterdrückt, geschieht irgendwann eine Explosion oder eine depressive Implosion. Daher ist es besser, den Fluchdruck mittels kontrollierter Entlastungen unterhalb des explosiven Niveaus zu halten.

Ein Fluch ist keine physische Gewalttat. Es ist hinlänglich bekannt, zu welchen Taten aggressive Individuen bereit sind. Ich bin überzeugt, dass wohlpraktiziertes Fluchen das Aggressionsniveau senken kann, was vielleicht den einen oder anderen tätlichen Übergriff verhindert. Wer wie ein Rohrspatz flucht, trällert schon fast vogelgleich ein Lied. Dabei soll es auch nicht darauf ankommen, dass immer nur harmlose Fluchwörter verwendet werden.

Die Fluchmelodie darf auch harte, dissonante und von mir aus blasphemische Ausdrücke enthalten, solange nur der Schnabel, nicht aber die Krallen und Fäuste ins Spiel kommen. Ich bin bei der Verwendung von allzu wüsten Wörtern allerdings zurückhaltend mit einer insgesamt positiven ethischen Bewertung.

Die ersten beiden skizzierten Aspekte – Entlastung und Aggressionsreduktion – sind nach meinem Verständnis notwendige Kriterien für gerechtfertigte, ethisch zumindest als neutral zu bewertende Flüche. Soll aber auch eine positive Bewertung vorgenommen werden können, muss zusätzlich das dritte Kriterium erfüllt sein: die Erheiterung.

Wer nicht selber im Zielbereich des Fluchs steht, verfolgt häufig mit Amusement, mit welcher Kreativität und Inbrunst aus allen «Fluchrohren» geschossen wird. Und wer doch be- und getroffen ist, mag die Bewerfung mit Schlötterlingen und anderen Verwünschungen vielleicht um so gelassener hinnehmen, je abstruser die zugrundeliegenden Vorwürfe sind.

Ein guter Fluch ist jedenfalls in der Lage, eine verstrickt-verkrampft-vernebelte Situation aufzuheitern, ohne neue Düsterkeit zu verursachen (zum Beispiel in der Seele eines verfluchten Mitmenschen).

Ein Fluch fällt nicht aus heiteren Himmel, sondern eruptiert aus der brodelnden Tiefe der Seele.

Nach so viel Theorie fühle ich nun tatsächlich auch einen gewissen emotionalen Fluchdruck in mir. Ich kann es dank der soeben formulierten Gedanken sogar ethisch verantworten, zum Schluss noch den Versuch zu unternehmen, anständig zu fluchen: «Du zuckersüsser Schönwetterphilosoph, soll es kübelweise Moralsäure auf dich regnen, damit dein weltfremdes Gesülz wie Gebein im Vulkanschlot verdampfe!»

Oder: «Du himmeltraurige Lachnummer, soll dir das Lachen wie ein Eiswürfel im Hals stecken bleiben und nur ganz langsam wegschmelzen!»

Oder: «Du einzelliges Solarpanel, eine Amöbe hat mehr Grips. Wegen dir hat die Sonne am Morgen keine Lust aufzugehen, und bald wird ewige Nacht sein.»

Kannst auch du anständig fluchen? Ich stehe gern als Zielobjekt zur Verfügung. ●

Dieser Text erschien unter dem Titel **«Wie soll ich fluchen?»** auf dem Blog des Philosophen, Ökonomen und Theologen (in Ausbildung) Philippe Schultheiss. **www.philophil.ch**

Geschlechtsumwandlung ist kein Sonntagsspaziergang

Der Wunsch nach Geschlechtsumwandlung hat zuletzt stark zugenommen. Doch die Probleme damit werden öffentlich kaum benannt. *Interview mit Transgender-Experte Prof. Johannes Huber*

Zeitpunkt: *Was bewog Sie, eine Transgender-Ambulanz einzurichten?*
Johannes Huber: Die Patienten kamen mit diesem Problem zu uns. Wir waren damals die einzige Anlaufstelle im deutschsprachigen Raum auf akademischem Boden. Mittlerweile hat der Wunsch nach Geschlechtsumwandlung oder «Geschlechtsanpassung» enorm zugenommen. Eine Ursache dafür: Medien und Politik erwähnen die Probleme, die eine Geschlechtsumwandlung oft mit sich bringt, kaum. Übrigens: Der Begriff Geschlechtsumwandlung ist nicht ganz korrekt, denn die Chromosomen, die Erbinformation, die auch das Geschlecht beinhaltet, ändern sich schliesslich nicht.

Wie wirkt sich der aktuelle Transgender-Trend aus?
Politik und Medien stehen hinter dieser vielleicht durchaus befreiend gemeinten Geschlechtsumwandlungs-Ideologie. So nehmen an Schönheitswettbewerben von Frauen mittlerweile auch Transgender-Frauen teil. Das ist natürlich bewusst so gelenkt – im Sinne einer PR-Aktion für das Transgenderprogramm – und kommt paradoxerweise aus der Ecke, die sich früher über die «Fleischbeschau» der Frauen aufregte. Man strebt mit der global ausgerollten Transgender-Agenda möglicherweise eine andere Gesellschaft an. Familie ist nicht mehr gewünscht.

Ich kann mir aber nicht vorstellen, dass sich diese Anti-Familienpolitik durchsetzt, denn in den meisten Menschen ist der Wunsch nach

Professor Dr. Dr. Johannes Huber studierte Theologie und Medizin. Von 1992 bis 2011 war er Leiter der klinischen Abteilung für gynäkologische Endokrinologie im Wiener Allgemeinen Krankenhaus (AKH). Er ist als Arzt für Geburtshilfe und Frauenheilkunde in eigener Praxis tätig. Dazu ist Huber Autor zahlreicher Fachbücher und hält Vorträge, auch zum Thema Transgender. Vor etwa 25 Jahren richtete Huber am AKH Wien die erste Transgender-Ambulanz mit akademischem Anspruch im deutschsprachigen Raum ein.

Kindern und einer eigenen Familie tief verankert. Allerdings brauchen Familien gute Bedingungen und Eltern, die Zeit und Verständnis für ihren Nachwuchs haben. Sonst könnte der Mangel an familiärer Gefühlsbindung die Kinder in der momentan bewusst forcierten Geschlechterkonfusion ohne Orientierung und anfällig für mediale Einflüsse zurücklassen.

Gibt es weitere Ursachen für die auffällige Steigerung der Transgender-Fälle?

Die Umweltverschmutzung kann Mutter und Kind in der Schwangerschaft schädigen. Pestizide, insbesondere die Xenosteroide, blockieren einen wichtigen frühen Hormonimpuls, der von der Mutter ausgehend das chromosomale Geschlecht des Kindes beeinflusst. Wir Menschen erleben normalerweise bereits im Mutterleib eine Art Mini-Pubertät. Wird dieser Hormonimpuls in der 12. bis 14. Schwangerschaftswoche jedoch nicht an den Fötus abgegeben, können – so meine Hypothese – Unsicherheiten in der Geschlechteridentität auftreten. Das könnte die extreme Zunahme der Geschlechtskonfusion erklären, denn auch im Tierreich, etwa bei Fischen aus mit Pestiziden und Östrogenen verunreinigten Flüssen, sind schon seit Jahren beunruhigende spontane Änderungen an den Geschlechtsorganen zu verzeichnen. Die Konzentration des mittlerweile verbotenen Herbizids Atrazin zum Beispiel ist in Oberflächengewässern beispielsweise noch hoch genug, um eine verringerte Fruchtbarkeit und eine Verweiblichung von männlichen Fröschen hervorzurufen.

Welche Risiken birgt eine Transgender-Behandlung?

Zum Beispiel das Mittel Cyproteronacetat: Das ist ein synthetisches Ge-

Transsexuelle müssen ein Leben lang Medikamente nehmen. Das ist kein Sonntagsspaziergang.

stagen, das die Wirkung männlicher Hormone verhindert und deshalb bei der Umwandlung «male to female» eingesetzt wird. In niedriger Dosierung war es auch Teil einer Verhütungspille. Wegen der im Rahmen dieser Anwendung vermehrt registrierten Hirntumore (Meningeome) erliess die «Rote Hand» eine Warnung mit der Aufforderung, diese Substanz nicht mehr primär zur Kontrazeption zu verwenden. Aber auch gegenüber anderen Gestagenen, die eine ähnliche antiandrogene Wirkungen haben, wurden Warnhinweise wegen des erhöhten Risikos für Hirntumore ausgesprochen. Die Cyproteron-Dosis in der Pille betrug zwei Milligramm. In der Transsexualmedizin wird es mit einer Dosis von 50 bis 100 Milligramm verwendet.

Unkontrollierte Östrogengaben führten bereits in der Hormonersatztherapie bei Frauen zu vermehrtem Brustkrebs. Bei einer hochdosierten Östrogenverschreibung in der Transgenderbehandlung befürchtet man, dass auch beim Mann das bei ihm sonst eher selten vorkommende Mammakarzinom (Brustkrebs) stark ansteigt. Das wurde jedoch noch nicht ausreichend untersucht; es fehlen Langzeitstudien zur hormonellen Transgender-Behandlung.

Sicher ist jedoch: Die verwendeten Medikamente können schwere Nebenwirkungen haben. Bei vielen der verwendeten medizinischen Interventionen ist die Wirksamkeit der Behandlungsmethode nicht bestätigt und somit die Einhaltung einer abgesicherten Vorgangsweise nicht möglich. Wenn trotz der fehlenden Langzeitevidenz Behandlungen durchgeführt werden, dürfte dies nur im Rahmen klinischer Studien erfolgen. Das neue Selbstbestimmungsgesetz in der Bundesrepublik Deutschland könnte in noch nicht absehbar hohem Ausmass medizinische Interventionen zur Folge haben – mit all den eben genannten Risiken.

Was halten Sie von Pubertätsblockern?
Das medikamentöse Hinauszögern der Pubertät ist ebenfalls noch nicht durch Langzeitstudien abgesichert. Die zur Pubertätsblockade eingesetzten Medikamente gehören in die Gruppe der GNRH-Modulatoren, die unter anderem in der urologischen Onkologie eingesetzt werden und dort als Nebenwirkung ebenfalls Hirntumore hervorrufen können. Da die Gehirnentwicklung erst nach der Pubertät abgeschlossen ist,

kann eine verzögerte Pubertät möglicherweise auch die Lernfähigkeit beeinflussen. Bei Patientinnen mit verzögerter Pubertät konnte man ausserdem beobachten, dass die Entwicklung der Körpergrösse beeinflusst wurde, die Frakturhäufigkeit zunahm und in der Postmenopause mit einem erhöhten Osteoporose-Risiko zu rechnen ist. Eine zu frühe wie auch eine zu späte Pubertät sind ausserdem mit erhöhten kardialen Problemen verbunden. Ob die angesprochenen Defizite durch eine später eingeleitete Pubertät korrigiert werden können, weiss man nicht.

Was raten Sie unsicheren Jugendlichen und ihren Eltern?
Es ist normal, wenn Jugendliche sich fragen: «Wie wäre es, wenn ich dem anderen Geschlecht angehören würde?» Die Pubertät ist eine Experimentierphase, in der sich die sexuelle Identität erst festigt. Jugendliche und Eltern sollten gefühlsmässige Schwankungen und Vorstellungen akzeptieren und sich nicht vorzeitig festlegen. Druck und Zwang sind in einer solch sensiblen Phase kontraproduktiv. Nach der Pubertät kann vieles anders aussehen. Vielleicht hilft eine Gesprächstherapie, und zwar nicht nur dem Jugendlichen, sondern vor allem auch den Eltern. Beratungsmöglichkeiten sollten viel mehr und selbstverständlicher genutzt werden, bevor man Entscheidungen trifft, die sich nicht mehr rückgängig machen lassen.

Transsexuelle müssen ein Leben lang Medikamente nehmen. Das ist kein Sonntagsspaziergang. Die Suizidrate bei Transsexuellen ist evident. Es gibt keine ausreichenden Nachweise dafür, dass man nach der Geschlechtsanpassung glücklicher lebt als vorher. Besonders Mädchen – und 80 Prozent der Jugendlichen, die die Transsexualität anstreben, sind Mädchen – projizieren ihre Probleme auf diesen Punkt und haben die Sehnsucht, dass eine Geschlechtsveränderung sie aus all ihren Schwierigkeiten retten könnte. Dahinter steckt oft ein Bedürfnis nach mehr Anerkennung in einer Gesellschaft, die Männlichkeit immer noch höher priorisiert.

Man sollte die Beratung bezüglich der Änderung der Geschlechtsidentität meiner Meinung nach nicht einschränken, sondern intensivieren. Jeder intelligente junge Mensch wird gerne eine Beratung von einer neutralen und kompetenten Person annehmen. Ausreichend Sachinformation und Empathie sollten bei diesen Aussprachen Hand in Hand gehen. Wer eine Transgender-Behandlung durchführen möchte, muss wissen, welche Folgen diese für ihn haben könnte. ●

Das Interview führte Dr. Christine Born

Wenn die einzig mögliche Satire das Schweigen ist

Wie der Staat einmal vom Kabarett abgeschrieben hat...

von Michael Birkenmeier

Sommer 1933. Gerade hat Hitler in Deutschland mit seiner Partei die Macht ergriffen. Auch im benachbarten Österreich ist klar, dass ab jetzt nichts mehr ist, wie es war. Die Bevölkerung gespalten: Schockstarre auf der einen, euphorische Begeisterung auf der anderen Seite.

Aber viele warten gespannt auf das Erscheinen der Zeitschrift «Die Fackel» von Karl Kraus. Was sagt er jetzt? Kraus ist spätestens seit dem 1. Weltkrieg bekannt als der schärfste politische Satiriker und Kritiker seiner Zeit. Die «Fackel» aber erscheint nicht turnusgemäss. Erst im Oktober '33, endlich, kommt sie heraus – die dünnste Ausgabe seit je, darin ist der einziger Text von Karl Kraus dieses Gedicht:

Man frage nicht, was all die Zeit ich machte.
Ich bleibe stumm;
und sage nicht, warum.
Und Stille gibt es, da die Erde krachte.
Kein Wort, das traf;
man spricht nur aus dem Schlaf.
Und träumt von einer Sonne, welche lachte.
Es geht vorbei;
nachher war's einerlei.
Das Wort entschlief, als jene Welt erwachte.

Dass er bereits seit Monaten an einem 300-seitigen Werk mit dem Titel «Die Dritte Walpurgisnacht» arbeitet, verschweigt Kraus. Im letzten Augenblick hat er die Publikation dieses Buches gestoppt. Verzweifelt. Er hat beim Schreiben bemerkt, dass er dieser Zeit mit Satire und Witz nicht beikommt. Die Satire fällt unversehens unter den Gegenstand ihrer Kritik, an dem sie sich vergeblich abarbeitet. Jeder Witz erstirbt im Stechschritt einer Bewegung, die Kraft ihrer Lächerlichkeit ohnehin über ihre Gegner triumphiert.

Die erst 1954 posthum veröffentlichte «Dritte Walpurgisnacht» beginnt mit dem Satz: «Mit fällt zu Hitler nichts ein.» Im Folgenden versucht Kraus sich darüber klar zu werden, warum.

«Es waltet ein geheimnisvolles Einverständnis zwischen den Dingen, die sind, und mir: Autarkisch stellen sie die Satire her, und der Stoff hat so völlig die Form, die ich ihm einst ersehen musste, um ihn überlieferbar, glaubhaft und doch unglaubhaft zu machen: dass es meiner nicht mehr bedarf und mir zu ihm nichts mehr einfällt. (...) Das Staunen vor der Neuerung, die mit der Elementarkraft einer Gehirnpest Grundbegriffe vernichtet, als wären schon die Bakterienbomben des entwickelten Luftkriegs im Schwange – könnte es den Sprachlosen ermuntern, der da gewahrt, wie die Welt aussieht, die sich beim Wort genommen hat?»

Es gesschah in der Zeit der Corona-Massnahmen. Immer wieder traf ich Leute, die mir vielsagend zuzwinkerten und sagten: «Heieiei, jetzt ist aber eine Superzeit für Kabarett, gell?» Und ich musste offen gestehen: Nein, als Kabarettist bin ich gerade schachmatt. Sozusagen mit den eigenen Waffen geschlagen. Von der Realität. Nach meinem Gefühl funktionierte Satire zu dieser Zeit überhaupt nicht. Über die Gründe musste ich mir erst langsam klar werden. Rettend war da die «Walpurgisnacht» von Karl Kraus von 1933. Und ein paradoxes Erlebnis: Ich erinnerte mich plötzlich wieder an einen Text von 2009.

Mit grosser Lust am Fabulieren erfanden meine Schwester Sibylle und ich für unser Programm «Die Impfung» eine inszenierte Pandemie mit einem gebastelten Virus plus radikalem Massnahmenkatalog, damals, als der Versuch einer Zwangsimpfung gegen die Schweinegrippe nach wenigen Komplikationen sofort wieder abgeblasen wurde. Herzhaft-ungefiltert wurde da gelacht. In öffentlichen Theatern.

2020 las ich diesen Text wieder, stand in Gedanken auf einer Bühne und spürte sofort: funktioniert jetzt nicht als Satire. Es ist nicht mehr ein Spiel mit der Möglichkeit, sondern jetzt Wirklichkeit. Das Spiel ist weg. Nun, da Ernst gemacht wurde mit allem, was nur «Spinner» für möglich gehalten hatten, gab's nichts zu spielen darüber. Es wäre voll daneben gewesen und darunter geblieben.

Heute hingegen – dieser Text ist wie ein Barometer –, heute funktioniert er wieder als Satire. Warum genau, wird wohl erschöpfend nicht zu klären sein. Hier der Text:

2009: Die Impfung

Sie erinnern sich, die nächste Grippe nach der Schweinegrippe kam, natürlich, also ganz naturgemäss, es war die Affengrippe. Ein mutiertes Affenvirus D1N3, vermutlich entstanden im Zoologischen Garten, so die offizielle Version. Fachleute wussten sofort: Dieses Virus ist Handarbeit, gibt's nur im Labor, und zwar nur:

Wenn der Husten eines Wüstenkamels
mit der Nierenbeckenentzündung einer schönen Laborantin
im Urin eines genmanipulierten Rhesusaffen
24 Stunden lang bei 37,3 Grad angesetzt wird,
dann entsteht dieses Affenvirus.
Impfedi, ampfedi, umpfedi, bumm. Impfedi, ampfedi, umpfedi, bumm.

Der Impfstoff ist schon patentiert
Ab die Post, jetzt wird der Virus rausgeführt.
Er wurde entdeckt in Affoltern am Albis
Labor der Pharma, gleich um die Ecke
Im Pissoir der Bar, «high life»
In einem Kessel Flüssigseife
Verbreitet sich im Affenzahn
von Spanien bis Afghanistan
Nach sieben Tagen die Meldung kam
Dreihundert Fälle weltweit: Pandemie-Alarm.
Impfstoff? Zufällig ziemlich bereit, natürlich ungetestet,
aber kein Problem, nonono, nooo!
Der Staat übernimmt wie immer voll die Haftung und
die Kosten für das Risiko.
Das heisst, er macht gleich jetzt und hier
den grossen Test mit Laborratten,
sie ahnen's, das sind wir.
Impfedi, ampfedi, umpfedi, bumm. Impfedi, ampfedi, umpfedi, bumm.

So und wer impft? Ärzte, Spitäler? Falsch!
Es impft jetzt nur die Behörde: Zivilschutz, Militär.
Lastwagen voll Menschen
In Turnhallen, per Notstandsgesetz: «Impfzwang für alle.»
Das können Sie nicht machen, bitte sehr.
Impfedi, ampfedi, umpfedi, bumm. Impfedi, ampfedi, umpfedi, bumm.

Nein, nein, alles ganz legal, es gilt jetzt Notrecht.
Die Presse zeigt Grippe-Symptome, Horror-Bilder jeden Morgen,
Die Zunge schwillt riesig an. Man muss sie hinter den Lippen versorgen,
sonst wächst sie weiter und weiter, bis sie runter auf den Boden hängt.
Kein Wunder, dass man sich jetzt vor den Impfstationen drängt.
4 Millionen impfen in vier Tagen, das sind 70%.
Die anderen 3 Millionen weigern sich aber – konsequent.
Gut, dann müssen die eben eine gelbe Armbinde tragen.
Fahren in extra Eisenbahnwagen, Konzerte, Theater, Whisky-Bar
kommt nicht mehr in die Tüte. Alles klar?
Impfedi, ampfedi, umpfedi, bumm. Impfedi, ampfedi, umpfedi, bumm.

Alle drohten, protestierten und schimpften,
die Affengrippe kriegten aber ausschliesslich die Geimpften.
Ihre Zunge schwillt und schwillt und brennt,
und trotzdem geht der Impfzwang mit Ja durch's Parlament.
Die Geimpften lallen mit letzter Kraft
Wir sind eine freie affene Gesellschaft.
Es impft der Bund, es zahlt der Bund.
Hier gelbes Band, dort Affenmund
Einzig die Pharma ist jetzt rechtlich immun
Und finanziell total gesund.
Die Chemie muss einfach stimmen, das ist das A und O.
Impfedi, ampfedi, umpfedi, bumm. Impfedi, ampfedi, umpfedi, bumm.

Und wieder ist Barbarenzeit.
Gespielt wird jetzt Faschismus light.
Die alte Sau im neuen Kleid.
Sie rülpst, und wir gehorchen schon.
Alt die Parolen, neu der Ton.
Das vierte Reich, Business-Version.

Dass die Wirklichkeit inzwischen bei der Satire abschreibt, damit haben
wir 2009 nicht gerechnet. So war das nicht gemeint. Jetzt haben wir den
Salat. ●

Michael Birkenmeier, Kabarettist, Pianist (*1956). Seit 1983 mit seiner Schwester Sibylle in den Kleintheatern der Schweiz und Deutschlands mit einem literarisch-musikalischen Polit-Kabarett unterwegs. **theaterkabarett.ch**

Wie es sein könnte

Gute Nachrichten aus der Zukunft – zusammengestellt von Wolf S. Schneider

Imagine there is no heaven above us, only sky

Dezember 2024: Ein anonymer Whistleblower aus dem Pentagon verrät den Medien das Geheimtreffen zwischen Biden und Putin in einer Höhle im Kaukasus. Wegen fehlender Unterstützung zuhause mussten beide Regierungschefs zugeben, dass sie den Ukrainekrieg nicht gewinnen können. Beim Blick auf einen Leuchtglobus, auf dem die Nationen und gegenseitigen Einflusszonen in bunten Farben eingezeichnet waren, schlug Biden vor, das Licht auszuschalten, um ein paar Minuten still zu sein. Da rief Putin aus: «Schau, wie schön die Welt doch ist ohne diese Grenzen!» Darauf schmiedeten sie bei der Musik von John Lennons «Imagine» einen Plan, den ihre Nachfolger jetzt nur noch umsetzen müssen.

Klaus Schwab dement

April 2028. Schon Jahre war die Demenz des WEF-Gründers und Vorsitzenden Klaus Schwab unübersehbar geworden. Deshalb wurde er zu seinem 90. Geburtstag im März '28 einem neu geschaffenen Sanatorium in Davos übergeben, das sich auf die Demenz alter weisser Männer spezialisiert hat. Zu seinem Erstaunen fand Schwab dort auch Trump, Biden, Putin und Bolsonaro vor. Leider erkennen alle fünf einander nur

noch auf LSD, das ihnen aus therapeutischen Gründen hier einmal wöchentlich verabreicht wird.

UNO-Unsicherheitsrat aufgelöst

Sommer 2030. Bei einer nationalen Aggression hatte sich der Sicherheitsrat der UNO wieder einmal als hilflos erwiesen, weil eines seiner fünf ständigen Mitglieder sich Vorteile von einem Schutz des Aggressors erwartete. Die 197 Nationen der UNO lösen dieses Gremium deshalb mit Dreiviertel-Mehrheit auf und entscheiden, dass für künftige UNO-Beschlüsse eine Zweidrittel-Mehrheit genüge und die Blauhelme stärker ausgerüstet werden müssten als jede andere bewaffnete Gruppe der Welt. In dem Masse, wie exzellent ausgebildete Blauhelme sich als einsatzbereit erweisen, beginnt nun weltweit die Entwaffnung des Militärs. Die dabei frei werdenden immensen Ressourcen können nun an anderer Stelle eingesetzt werden.

Weltkonferenz in Gaza City

Oktober 2031. Im leidlich wieder aufgebauten Gaza City tagt die globale Konferenz der Weltanschauungen. Diese erklärt Palästina in den Grenzen von 1948 zum Heiligen Land der drei semitischen Religionen Judentum, Christentum und Islam. Antisemitismus wird nun als Vergehen gegen irgendeine dieser Religionen verstanden. Führende Religionswissenschaftler dürfen in aller Öffentlichkeit sagen, dass Jesus ein Jude war und seine Sprache, das Aramäische, eine semitische Sprache, ebenso wie das Arabische. Als Antisemitismus gilt nun jeder Akt gegen eine der semitischen Religionen oder Ethnien, darunter auch der Gaza-Krieg von 2023/24.

Transreligiöse Sakralräume

Weihnachten 2032. Die Sakralräume des Felsendoms, der Al-Aksa-Moschee, der Klagemauer und der Geburtskirche von Jesus in Bethlehem werden nun von allen drei semitischen Religionen besucht, und alle drei stehen sich gegenseitig im Schutz gegen Antisemitismus bei. Nur Nostalgiker unter den Moslems pilgern heute noch nach Mekka, und die Geistlichen des Vatikan beziehen Arbeitslosenunterstützung von der italienischen Regierung, damit sie nicht zu Terroristen werden. ●

Der Februar wird spannungsvoll, sagen die Sterne

Mitte Februar wird es auf der Erde turbulent zugehen. Der Berner Astrologe Roland Jakubowitz spricht sogar von einer heissen Eskalation. Er begründet seine Prognose mit diesen Konstellationen:

Ende Januar ist der Planet Pluto (Macht) in das Sternzeichen des Wassermanns eingetreten, das für plötzliche Veränderungen steht. Am 13. Februar stehen die Planeten Mars (Krieg) und Pluto in Konjunktion, d.h. sie verstärken sich gegenseitig. Am 14. Februar kommt das Volk dazu, verkörpert durch den Mond, der in einer spannungsvollen Position (Quadrat) zu Mars und Pluto steht. Und vom 15. bis 17.2. tritt die Venus in Konjunktion zu Mars und Pluto. Damit sei, so Roland Jakubowitz, alles betroffen, was Freude macht, auch Finanzen, Sport und Kunst.

Jakubowitz betreibt seit 48 Jahren professionell Astrologie. Aufgrund seiner Analyse der Planetenkonstellationen sagte er für Ende Februar 2022 und die Zeit um den 7. Oktober 2023 plötzliche Gewaltausbrüche und Zerstörung vorher.

Der Machtplanet Pluto wird Ende des Jahres für rund 20 Jahre in das Sternzeichen Wassermann eintreten. Wir stehen laut Jakubowitz also vor einer längeren Periode von Machtverschiebungen. *CP*

Mehr dazu im **Videointerview mit Roland Jakubowitz** in einem Videointerview, zu finden unter **transition-tv.ch/beitrag/grosse-eskalation-mitte-februar**

Lesenswert!

Buchempfehlungen *der Redaktion*

Was ist das Böse?

Gibt es das Böse überhaupt? Seinen Essay begann Charles Eisenstein schon 2010 und führte ihn nach den Corona-Jahren weiter. (Auch der Zeitpunkt hat ihn in einer Serie veröffentlicht.) Orientierung bietet ihm dabei «1984» von George Orwell. Anhand der Entscheidungen von dessen Held Winston versucht er, einen Massstab für das eigene Handeln zu finden, auch im Widerstand. Was tun wir gegenüber einem allmächtigen Gegner? Ist Gewalt gerechtfertigt, um ein gewaltsames Regime zu beenden? Was wäre eine Orientierung? Ich habe den Essay mit Gewinn mehrmals gelesen. *CD*

Charles Eisenstein: Eine Handvoll Staub und Knochensplitter, Massel-Verlag, 2023, 23,00 Euro, Bezug über den Verlag

Sanktionen sind Krieg!

Diese «Wahrheitssuche» enthält, was man über den Ukraine-Konflikt wissen sollte: Wie ist er historisch entstanden? Mit welchen Weichenstellungen wurde auf den Krieg hingesteuert? Wie haben die Ukraine, die USA, die NATO und Russland die Eskalations-Spirale angetrieben? Um was geht es wirklich? Thomas Mayer ordnet den Konflikt in die Stufen der Konflikteskalation und die Prinzipien der Kriegspropaganda ein und macht damit auch die Abläufe anderer Konflikte verständlich. Unter anderem geht es um Sanktionen: «Sanktionen sind Krieg. Sie können Hunderttausende an Toten in der Zivilbevölkerung bewirken; was sie auch sollen.» Und sie verstossen, wie Mayer zeigt, gegen das UN-Völkerrecht. *CD*

Thomas Mayer: Wahrheitssuche im Ukraine-Krieg – Um was es wirklich geht. Neue Erde, 2023, 600 Seiten, 28,00 Euro, ISBN 978-3-89060-863-1

Auf dem Königsweg

Das neue Buch unserer Zeitpunkt-Autorin Kerstin Chavent erscheint erst in einigen Tagen.

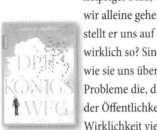

Deshalb kann ich vorläufig nur aus dem Vorwort zitieren: «Auch wenn wir in den vergangenen Jahren bereits viele Freiheiten und Rechte eingebüsst haben: Noch leben wir nicht in 15-Minuten-Städten. Noch brauchen wir keine biometrisch-digitalen Codes, um am öffentlichen Leben teilnehmen zu können. Noch können wir mit Bargeld bezahlen. Noch haben wir Eigentum. Noch sind unsere Gehirne nicht an eine Cloud angeschlossen. Noch haben wir einen freien Willen. Noch können wir uns entscheiden, welchen Weg wir gehen. Der Königsweg ist kein leichter Weg. Er ist keine Prachtstrasse für einen gemütlichen Sonntagsspaziergang, kein bequemer Boulevard, auf dem die Prinzessin zum Ball schreitet. Der Königsweg ist ein holpriger Pfad, ein schmaler Grat, den wir alleine gehen müssen. Immer wieder stellt er uns auf die Probe: Verhält es sich wirklich so? Sind die Dinge tatsächlich so, wie sie uns überliefert wurden? Sind die Probleme die, die im Scheinwerferlicht der Öffentlichkeit stehen? Oder ist es in Wirklichkeit vielleicht ganz anders?»

Im «Königsweg» beschreibt Kerstin Chavent die Heldenreise anhand der jetzigen Herausforderungen der Menschheit. «Das haben wir der transhumanistischen Ideologie entgegenzusetzen: unsere Schöpferkraft. Es ist uns gelungen, aus dem Paradies eine Hölle zu machen. Jetzt können wir unsere Kreativität dafür einsetzen, aus der Hölle wieder ein Paradies zu machen.» *CD*

Kerstin Chavent: Der Königsweg. Die Befreiung der inneren Kraft. Scorpio, 2024, 256 Seiten, 22,00 Euro, ISBN 978-3-95803-577-5

Online-Perlen von zeitpunkt.ch

Das volle Zeitpunkt-Programm finden Sie online.
Unsere Leseempfehlungen:

Zum Thema Frieden:

Gibt es einen gewaltfreien Weg zu gerechtem Frieden in Israel-Palästina?
Martin Winiecki zeitpunkt.ch/israel-palaestina-gibt-es-einen-gewaltfreien-weg-fuer-gerechten-frieden

Friede ist eine Entscheidung
Eva Maria Gent zeitpunkt.ch/friede-ist-eine-entscheidung

Schweden, die NATO und der kalte Krieg
Angela Mahr zeitpunkt.ch/inszenierte-bedrohung-schweden-die-nato-und-der-kalte-krieg

Direkte Solidarität
Viele fragen mich: «Wie kann ich dich, Aida, als Person und als Mitglied der palästinensischen Gesellschaft unterstützen?»
Aida Shibli zeitpunkt.ch/direkte-solidaritaet

Das wundersame Leben eines inhaftierten Drogenbosses
Was steckt hinter dem Ausnahmezustand in Ecuador?
Nicole Maron zeitpunkt.ch/das-wundersame-leben-eines-inhaftierten-drogenbosses

Perspektiven

Eigentum neu Denken
Es gibt einen dritten Weg zu Kapitalismus und Sozialismus.
Fionn Meier zeitpunkt.ch/eigentum-neu-denken

Ohne Vertrauen fährt die Welt zur Hölle
Das World Economic Forum in Davos stand unter dem Motto «Rebuilding Trust». Reden wir darüber, wie es verloren ging. *Guido Biland* zeitpunkt.ch/ohne-vertrauen-faehrt-die-welt-zur-hoelle

Rudolf Hafner: Anthroposophisches Gewissen in der Politik
Interview von Istvan Stephan Hunter
zeitpunkt.ch/rudolf-hafner-ein-anthroposophisches-gewissen-der-politik

Die Rebellenkönigin vom Senegal – Ndate Yalla Mbodj

Valentin Mufila zeitpunkt.ch/die-rebellenkoenigin-von-senegal-ndate-yalla-mbodj

Radikale Scham

Für eine tiefe Erneuerung fehlt meist ein wichtiges Instrument: das ungeliebte Gefühl der Scham.
Christa Dregger zeitpunkt.ch/radikale-scham

Hut ab!

Chapeau! – für ein bäumiges Basel

Einen Baum nach dem anderen in die städtischen Vorgärten pflanzen: für ein grüneres und kühleres Basel. *Nicole Maron* zeitpunkt.ch/chapeau-fuer-isabel-und-martin-andermatt

Chapeau! für Angela Iaderosa

Das Lehrernetzwerk bietet Hilfe zur Selbsthilfe an. Angela Iaderosa, Coach und Lerntherapeutin, baut das Angebot aus.
Samia Guemei zeitpunkt.ch/chapeau-fuer-angela-iaderosa

Ein Muotathaler Original

Bruno Suter inspirierte Tausende. Der Wirt des Restaurant Höllloch hat in der Pandemie viel Standfestigkeit bewiesen.
Christoph Pfluger zeitpunkt.ch/ein-muotathaler-original

Pro und Kontra

Die Bauern sind nicht so, wie wir sie gerne hätten

Denken die Bauern, die auf die Strasse gehen, nur an sich?
Nicolas Lindt zeitpunkt.ch/ die-bauern-sind-nicht-so-wie-wir-sie-gerne-haetten

Bauernproteste als Ablenkungsmanöver

Die Proteste der Bauern sind weder regierungskritisch, noch dienen sie der Allgemeinheit. *Vlad Georgescu* zeitpunkt.ch/bauernproteste-als-ablenkungsmanoever

Medien

«Ein Gigant des Journalismus hat uns verlassen»

John Pilger war ein Vorbild für redliche Journalisten in aller Welt – und einer der grössten Unterstützer von Julian Assange.
Jessica Corbett zeitpunkt.ch/ein-gigant-des-journalismus-hat-uns-verlassen

Das sanfte Wochenbett –
und der Kalender dazu

Johanna Lüscher leitet als freiberufliche Hebamme Geburtsvorbereitungskurse, Rückbildungskurse und begleitet Schwangere und Wöchnerinnen zuhause. Aus den persönlichen Begegnungen mit den Frauen und der eigenen Erfahrung als Mutter dreier Töchter ist die Idee für den Wochenbettkalender entstanden.

Wie wichtig die Geburt für das ganze Leben ist, wissen wir, seit der französische Gynäkologe Frederick Leboyer in den 1970er Jahren die Geburtshilfe revolutioniert hat. Und die Mutter? Sie braucht ein sanftes Wochenbett, sagt die Aargauer Hebamme Johanna Lüscher und hat dazu einen Kalender für die sechs Wochen nach der Geburt geschaffen.

«Sieben Tage im, sieben Tage auf und sieben Tage ums Bett», besagt eine alte Hebammenweisheit. Kurz nach der Geburt haben Mütter oft nur noch Augen und Ohren für ihr Baby und vergessen, wie wichtig das eigene Wohlergehen in dieser Zeit ist.

In diesen turbulenten Wochen, wo ein neues, zartes Wesen zuhause einzieht, gibt es viel zu tun, zu staunen, zu lernen und zu organisieren. Um Spätfolgen der Geburt zu minimieren, ist eine entspannte und ruhige Zeit nach der Geburt essentiell. Das «Wochenbett» signalisiert auch im Wort, wie wichtig Ruhe und Schonung für die Gesundheit der Frau sind.

Der Wochenbettkalender gibt Gesundheitshinweise, Verhaltenstipps, Rezepte und Körperübungen für die ersten sechs Wochen nach der Geburt. Auch die Väter bekommen hier Pflichten zugeteilt; sie sollen das Zimmer der Wöchnerin vom Durcheinander der Wohnung freihalten. Und die Angehörigen sollen ihre Besuche zeitlich beschränken, kein Parfum tragen und wenn möglich im Haushalt mithelfen, empfiehlt Johanna Lüscher in ihrem Wochenbettkalender. *CP*

Johanna Lüscher und Aditi Desai (Illustrationen): Wochenbettkalender – Anregungen, wie du dich als Mutter schonst und stärkst. edition Zeitpunkt, 2023. Tischkalender A5 mit Ringbindung 55 S. Fr. 22.–/€ 23.–.

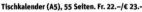

Anregungen zur Stärkung und Schonung für die ersten sechs Wochen nach der Geburt

Tischkalender (A5), 55 Seiten. Fr. 22.–/€ 23.–

Leserbriefe

Was die Menschheit befreien könnte

Die Zeitpunkt-Redaktion wurde mehrmals dazu aufgefordert, über die bahnbrechende Idee der Humanen Marktwirtschaft zu berichten. Nichts darüber in all den Ausgaben – schade, denn sie könnte die Menschheit endlich befreien! Ich werde nun «Die Freien» abonnieren. Die sind auch für Ideen offen, die nicht vom Herausgeber persönlich unterstützt werden.

Gino Brenni, Muri

Warum gegen das CO2?

Seit 30 Jahren setzte ich mich für weniger Autos, sauberere Industrielösungen, weniger Zersiedlung, Ressourcensparen etc. ein. Die CO_2-Problematik ist doch in grossem Masse der Hebel, an dem wir die Verursacher etwas regulieren könnten. Ich verstehe nicht, aus welcher Gedankenkette Sie gegen die CO_2-Initiative argumentieren. Wir brauchen sauberere Luft für unsere Kinder. Und wir müssen alles dafür tun.

Ingo Groher, Küsnacht

Verschiedene Stimmen hören

Wir haben uns sehr gewundert, wie leicht die Schweiz ihre (angebliche) Neutralität aufgegeben hat und sich von der EU zwingen liess, deren Kurs mitzumachen, statt all ihre diplomatischen Fähigkeiten einzusetzen, um den Frieden in der Ukraine wieder herzustellen bzw. eine gerechte Lösung mittels Verhandlungen zu finden! Wahrscheinlich sind ja die Finanzinteressen und grossen Konzerne hier viel zu mächtig, die mit all dem verbandelt sind. Auch im Nahost-Konflikt ist es wohl ähnlich: überall Interessenskonflikte und kein starker Bundesrat, der das Interesse des Volkes vertritt, sondern von Lobbyisten abhängig ist.

Danke für die 40 Seiten zum Nahost-Konflikt im letzten Zeitpunkt – es tut gut, verschiedene Stimmen zu hören!

Ilona Pregler-Reitmeier

Ein humanistischer Akt?

Soeben habe ich gelesen, dass Tel Aviv die 196 Staaten der Erde auffordert, die zwei Millionen Palästinenser im Gaza aufzunehmen, dies wäre dann ein «humanistischer Akt». Nach meiner Einschätzung trägt Tel Aviv Israel zu Grabe. Die muslimische Welt wird nicht tatenlos zuschauen, wie zwei Millionen ihrer Glaubensbrüder entweder noch ganz verdursten und verhungern und dabei als Begleitmusik zusammengebombt werden, oder wie die zwei Millionen evakuiert und anderen Ortes zwangseingewiesen werden.

Thom Ram

Permanenter Flugzeugträger

Der «neue» Kennedy hat es jetzt in seiner unnachahmlichen Offenheit so gesagt: Israel ist sowas wie der permanente Flugzeugträger für uns in Nahost. Wichtig, weil es da so viel Erdöl hat. Und das sollen die andern nicht haben. Darum ist dauernde Unruhe in dieser Region der Welt. Wollen wir das weiterhin? Mein Wunsch wäre, darüber nachzudenken, zu reden und: zu lernen.

René Küng

Einladung zum Zeitpunkt-Apero
4. März, 18.15 Uhr, Biel

Programm:
18.15 Kurze Präsentationen von
- Patrick Annicchiarico Startrampe Biel-Bienne
- Andy Oggier, Wasser für Wasser
- Ernst Braun, wasserkristall.ch
- Franziska Herren, Ernährungsinitiative
- Elias Vogt, Waldschutz-Initiative, Gemeindeschutz-Initiative

19.15 Verpflegung und Vernetzung
20.15 Podium zur Schweizer Neutralität
21.45 Ausklang

Die Liste der Kurzpräsentationen und die Teilnehmer des Podiums waren bei Redaktionsschluss noch nicht definitiv.

Ort:
Startrampe Biel-Bienne, Längfeldweg 97, Bus Linie 2 ab HB Biel, Parkplätze vorhanden.

Eintritt: Fr. 40.–/Abonnenten Fr. 30.–, inkl. Verpflegung (Suppe, Brot, Nachtisch)
Anmeldung und aktuelle Informationen: zeitpunkt.ch/apero

Kennenlernen von interessanten Projekten, Vernetzung mit Gleichgesinnten und Anregung – das sind die Ziele der Zeitpunkt-Aperos.

Wir freuen uns auf einen interessanten Abend mit Ihnen.

Impressum

ZEITPUNKT 176
FEBRUAR – APRIL '24
Erscheint vierteljährlich
33. Jahrgang

REDAKTION & VERLAG ZEITPUNKT
Werkhofstrasse 19
CH-4500 Solothurn
Tel. +41 (0) 32 621 81 11
mail@zeitpunkt.ch
www.zeitpunkt.ch
fb.me/ZeitpunktMagazin
Geldfluss:
CH08 0900 0000 4500 1006 5
DE67 6001 0070 0342 0347 06
ISSN 1424-6171

REDAKTION
Christa Dregger (Produktion), Vlad Georgescu, Samia Guemei, Sabrina Halbe (Grafik), Nicole Maron, Christoph Pfluger, Jochen Schilk (Korrektorat)

HERAUSGEBER
Christoph Pfluger

AUTORINNEN UND AUTOREN DIESER AUSGABE
Werner Bänziger, Michael Birkenmeier, Dr. Christine Born, Kerstin Chavent, Christa Dregger, Vlad Georgescu, Tiokasin Ghosthorse, Elisa Gratias, Samia Guemei, André Jasch, Andreas Krebs, Nicolas Lindt, Nicole Maron, Christoph Pfluger, Tom Regenauer, Wolf Sugata Schneider, Philippe Schultheiss, Marita Vollborn Christian Wirz

TITELBILD
Sabrina Halbe (polyactive.de)

ANZEIGEN UND ABOS
Verlagsadministration
Linda Biedermann, 032 621 81 13
inserate@zeitpunkt.ch

ABONNEMENTSPREISE
Der Preis des Abonnements wird von den Abonnenten selbst bestimmt.
Geschenkabos: Schweiz: 50 CHF
Europa: 60 EUR
Einzelnummer: 15 CHF / 15 EUR
abo@zeitpunkt.ch

DRUCK UND VERSAND
Vogt-Schild, 4552 Derendingen

VERTRIEB DEUTSCHLAND
Synergia Auslieferung
Industriestrasse 20
DE-64380 Rossdorf

Dieser Ausgabe liegt eine Beilage der Stiftung Zukunft.CH bei. wir bitte um Beachtung.